新技术模范法系列

自动驾驶汽车法
（模范法）

郑 飞 夏晨斌 主编

MODEL LAW
ON AUTOMATED VEHICLE

中国政法大学出版社

2025·北京

图书在版编目（CIP）数据

自动驾驶汽车法：模范法 / 郑飞，夏晨斌主编.

北京：中国政法大学出版社，2025. 3. -- ISBN 978-7-
5764-2053-1

Ⅰ. D922.144

中国国家版本馆 CIP 数据核字第 2025RH0829 号

书　名	自动驾驶汽车法（模范法） ZIDONGJIASHIQICHEFA MOFANFA
出版者	中国政法大学出版社
地　址	北京市海淀区西土城路 25 号
邮　箱	bianjishi07public@163.com
网　址	http://www.cuplpress.com（网络实名：中国政法大学出版社）
电　话	010-58908466(第七编辑部) 010-58908334(邮购部)
承　印	固安华明印业有限公司
开　本	880mm×1230mm　　1/32
印　张	8.625
字　数	210 千字
版　次	2025 年 3 月第 1 版
印　次	2025 年 3 月第 1 次印刷
定　价	48.00 元

编写组成员

理论专家组成员：

郑玉双　中国政法大学法学院教授、博士生导师

郑志峰　西南政法大学民商法学院教授、博士生导师

吴文嫔　北京交通大学法学院教授

陈吉栋　同济大学法学院副教授

张玉洁　广州大学法学院副教授

栾志红　北京交通大学法学院副教授

王毅纯　北京交通大学法学院副教授

付新华　北京交通大学法学院副教授

郑舒元　日本大阪大学信息科学研究科助理教授

周达天　北京交通大学电子信息工程学院助理教授

尹　婷　北京交通大学法学院助理教授

实务专家组成员：

李雅静　中国汽车工业协会技术部副主任

程　莹　中国信息通信研究院政策与经济研究所主任工程师

曾　译　中电金信法务部总监

孙　谷　理想汽车法务与知识产权部负责人

李初旭　小鹏汽车法务总监

沈　萌　卡尔动力（北京）科技有限公司法务总监

黄　轩　长安汽车法务合规部数据合规负责人

孙明宇　上汽海外出行数据保护官

郭　庆　北京市安理律师事务所合伙人

赵子飞　腾讯研究院高级研究员

贾晶晶　百度法务

洪　刚　中国司法大数据研究院法律研究员

法案起草组成员：

郑　飞　中国政法大学证据科学研究院教授、博士生导师

夏晨斌　厦门大学法学院博士研究生、耀时跨境数据合规研究院特邀研究员

申　蕾　北京警察学院副教授

马国洋　北京交通大学法学院助理教授

吕昊然　清华大学人工智能国际治理研究院研究助理

王超毅　北京市中闻（上海）律师事务所律师

蒋　莱　上海市联合律师事务所律师

胡东晓　浙江六和（温州）律师事务所合规研究中心副主任、专职律师

刘云萍　意大利博洛尼亚大学博士研究生

刘　珊　德国法兰克福大学硕士研究生

罗　汀　中国政法大学硕士研究生

周岁寒　东南大学硕士研究生

路于婵　苏州大学硕士研究生

总　序

人类的历史是一部藉由新技术不断拓展人类活动空间的发展史：航海技术、空天技术让人类不断向外从陆地空间拓展到海洋空间、空气空间和外层空间；基因编辑、脑机接口等生物技术让人类不断向内深入并改造生物空间；计算机、互联网、区块链、大数据、人工智能、元宇宙等数字技术不断重塑着人类从无到有构建的虚拟数字空间。每一次技术革命对空间的拓展，都会带来法律的变革，不断产生着新兴的法律规则。而当今时代，全球正经历着前所未有的变革，各项新技术正在以难以想象的加速度改变着我们熟知的世界，数字技术、生物技术和空天技术等新技术不仅深刻影响着人与机器、人与社会、国家与国家之间的关系，也对法律治理提出了严峻挑战。

为此，全球范围内正在展开针对各种新技术及其应用的立法探索。例如，欧盟率先推出《人工智能法案》（Artificial Intelligence Act，简称 AIA），通过风险分级制度对人工智能应用场景实施差异化监管；美国聚焦算法透明度和数据隐私保护等问题，尝试构建基于行业自律与政府规制并行的治理框架；中国则针对性地出台了深度合成、人脸识别、自动驾驶等前沿领域的专项规则。此外，经济合作与发展组织（Organization for Economic Cooperation and Development，简称 OECD）、国际统一私法协会（International Institute for the Unification of Private Law，简称 UNIDROIT）等国际组织正推动着规则互鉴，试图在技术标准认证、跨境数据流通、数字税收分配等关键领域建立国际共识。然而，立法者始终面临双重考验：如何在制度设计中预留足够的弹性空间以容纳技术迭代？又如何在伦理框架缺失的现状下确立不可逾越的价值底线？

在此背景下，新技术模范法系列丛书试图围绕人工智能、自动驾驶、数据治理、数字货币、数字人民币、网络空间治理、生物技术与空天技术等前沿领域，构建具有前瞻性和可操作性的模范法，为未来相关立法提供理论支持与制度指引。本丛书旨在强调，面对新兴技术的快速演进，我们不仅要洞察其底层逻辑与演化趋势，更需思考如何通过法律、伦理与政策等多维手段，为技术的安全应用与可持续发展建立合理、公正的制度保障。通过对模范法的系统梳理与深入探讨，期望为全国乃至全球的立法机关、学术研究者、产业实践者以及广大公众，提供一套具有参考价值的制度框架，助力实现技术进步与社会价值之间的良性互动。围绕新技术立法中的关键挑战与现实困境，本丛书重点关注以下几个核心问题：

一、科技发展与法律制定的内在张力

近年来，自动驾驶、人工智能、大数据、区块链等技术飞速发展，给世界带来了巨大变化。无论是在交通、医疗、金融，还是在教育、环境、娱乐等领域，技术创新都深刻改变着人们的生产生活方式。这些技术的应用不仅带来了生产力的提升，也在很多情况下打破了传统行业的壁垒，创造了新的产业形态，从而需要新的生产关系（尤其是新的法律制度）与之适配。

然而，与快速迭代的技术相比，法律体系则略显沉稳，甚至常常处于滞后的状态。传统的法律体系更多基于既定的政治环境、经济结构、社会模式以及人类行为的常规假设来设计；而新兴技术的出现，特别是像人工智能和自动驾驶这样深刻改变社会运作的技术，往往以全新的逻辑和模式展开，它们在实践中的表现常常无法完全适应现有法律框架。现行法律往往也难以在这些新兴技术带来的挑战面前做出及时、合理的回应，导致不少潜在的法律空白或法律适应性问题。这些问题不仅影响技术本身的健康发展，也会影响整个社会对这些技术的信任与接受度。

因此，如何让法律体系与技术进步并行，如何在快速发展的技术世界建立有效的法律框架，成为我们必须直面的问题。这不仅是对传统法律体系的一次深刻检验，更是对法律创新能力的一次挑战。

二、法律保障与创新引导的双重任务

法律的核心使命是保障社会的稳定、公正与安全，但在技术创新背景下，法律还面临着一个重要的额外任务——引导创新发展。我们常常认为，技术的进步是自然而然的过程，但事实上，技术的发展离不开合理的政策引导和法律保障。法律不仅仅是一个约束的工具，它还应当是一个积极的推动力量，为技术创新提供正向激励，同时防范可能出现的风险和负面影响。

从历史角度看，每一次技术革命都伴随着新的法律思考和制度安排。例如，在工业革命时期，国家通过制定专利法规来鼓励技术创新，同时通过制定环境保护法来应对工业污染问题；在信息技术和互联网革命中，各国相继出台了互联网安全、隐私保护等法律政策。而如今，面对人工智能和自动驾驶的技术突破，法律的任务更加复杂——它不仅要解决技术可能带来的伦理、隐私、安全等问题，还要平衡创新与规制之间的微妙关系。

在这个过程中，法律不能仅仅充当"应急反应"的角色，而应当积极预见到技术进步所带来的深远影响，为技术创新提供合理的法律保障。例如，自动驾驶技术的广泛应用不仅改变了交通管理和安全问题，还可能引发新的责任归属和保险机制问题；人工智能发展则直接关系到数据隐私、智能决策的透明性和公正性等问题。如何在这些领域建立行之有效的法律框架，使得技术进步既不被过度束缚，也不会带来无法控制的社会风险，是法律面临的重要任务。

三、跨国合作与全球治理的制度需要

随着全球化进程的不断推进，科技创新已不再是单一国家或地区的独立行动，而是跨国界、跨领域的全球性合作与竞争。自动驾驶汽车的开发、人工智能的应用，以及其他新兴技术的推广，几乎都涉及跨国数据流通、国际产业合作等问题。因此，单个国家或地区的法律法规往往无法独立解决跨国技术治理所带来的问题，需要在全球范围内加强合作，共同制定技术治理规则。

与此同时，全球范围内的科技创新和治理规则建设也面临着巨大挑战。不同国家和地区在文化、经济、社会结构、法律传统等方面存在差异，使得各国在面对技术监管时往往采取不同的策略和方法。如何协调这些差异，建立起一套具有全球适应性的治理框架，是未来法治建设的一个重要方向。

在此背景下，推动国际社会的法律合作与技术治理显得尤为重要。通过国际间的共同协作和规则共享，各国能够在保证本国利益的前提下，共同应对全球技术治理的挑战。正如《布莱切利宣言》强调的那样，这不仅需要各国政府的参与，也需要行业、学术界、技术开发者以及民间组织的共同努力。

四、法律框架灵活性与前瞻性的有效平衡

鉴于立法的时间、经济成本与低容错率，模范法作为一种兼具灵活性和前瞻性的法律设计工具，自然成为一项能够有效应对技术

革命的制度选择。

模范法（又名示范法），顾名思义，是指一种具有模范或示范性质的法律框架。它并非特定国家的现行规范性法律文件，而是一套基于当前技术发展趋势和社会实际需求构建的法律蓝图，供立法者在此基础上进行本地化调整与修改。模范法的灵活性就体现在它允许根据自身的实际情况对法律进行本地化调整。此外，模范法的另一大优势在于其前瞻性。因其不是现行法，其自然不受立法成本与容错率限制，可以大胆假设，小心求证。通过预见性的设计，模范法可以帮助立法者在技术变革到来之前为未来的技术挑战做出准备，而不是事后追赶。

虽然模范法具有灵活性和前瞻性，但它的最终目的还是希望能够提供实际可操作的法律路径。模范法并不只是理论上的法律框架，而是在设计时便充分考虑到如何将法律条文有效落地，并且确保其在实际操作中的可执行性。例如，在人工智能领域，模范法会对算法的公正性、透明度、可解释性做出规定，并为技术开发者提供具体的实施指南。这种操作性强的法律框架，能为技术开发者提供一定的法律预期，并为立法者提供可供借鉴的规制蓝本。就全球合作而言，通过模范法，各国可以在全球范围内促进共识达成，共同推动技术治理的标准化、规范化。模范法作为一种指导工具，可以促进各国之间法律框架的对接与融合，帮助各国在尊重本国法律传统和社会需求的基础上，找到最大公约数，形成统一的技术治理规则，从而推动全球范围内的技术应用与合作。

未来的科技世界将是一个技术与法律共同推动的世界。技术创新的步伐不会停止，而法律的完善也必将与之同步发展。区块链技术的难以篡改性正在重塑契约精神，人工智能的算法决策机制正在催生新型责任主体，基因编辑和脑机接口等生物技术的突破性进展挑战着传统伦理边界——这些技术奇点都迫切需要与之适配的法律体系。我们有理由相信，法律将不仅仅是技术创新的"守门员"，更将成为技术进步的"催化剂"。通过构建包含数据确权、算法透明度评估、数字遗产继承等要素的合理法律框架，我们既能促进人工智能等前沿技术的快速发展，又能确保数字鸿沟不会演变为社会公平的断裂带。

在此进程中，我们期望这一系列模范法能为全国乃至全球范围内的立法者、政策制定者、科技创新者提供有益的借鉴与思考。通过建立技术伦理委员会、完善监管沙盒机制、培育法律代码开源社区等具体路径，法律与技术的良性互动将呈现出螺旋上升的演进轨迹。这种互动不仅体现在自动驾驶事故的责任算法建模上，更渗透于数字空间的权利义务重构中，最终形成数字文明时代的新型社会契约。

站在智能革命的历史交汇点，当智能合约开始自动生成法律文书，当司法区块链实现跨界互联互通，当合法的代码渗透进每个物联网终端，法治文明与技术文明终将在数字维度达成新的平衡。这种平衡不仅关乎知识产权跨境确权的技术标准，更涉及数字主权的时代性重构；不仅要解决自动驾驶汽车"电车难题"的算法选择，更要为数字人、人形机器人、脑机接口、太空采矿等新型业态铺设制度轨道。唯有法律与技术持续共振，人类方能真正驾驭数字化的浪潮而非被其裹挟。

郑　飞

2025 年 3 月

目　录

《自动驾驶汽车法（模范法）》起草说明

随着新一代智能感知、机器学习、大数据等技术的发展及其在百年汽车产业领域的广泛应用，汽车产业也逐渐迎来智能化、网联化、电动化等多方面革新。有数据证明，汽车智能化技术的应用能够在道路交通安全、交通效率、节能环境等多方面带来社会效益的提升，并且汽车产业的发展也直接影响着消费、就业等主要经济指标，因此，世界多国已发布战略文件将智能化作为战略方向并着力促进其发展。

在智能化方面，可以分为辅助驾驶和自动驾驶两大类。辅助驾驶系统和功能更早进入市场，因其责任模式较为清晰，能够直接嵌入已有的车辆生产、应用、运营监管制度。近年来市场对辅助驾驶产品的接受度不断提高，渗透率持续升高，系统性能比拼和应用场景扩展也已逐渐成为车企开展市场竞争的新抓手。自动驾驶系统和功能也正逐渐走向成熟，在国际上 L3 级自动驾驶系统已率先实现了量产，具备 L4 级自动驾驶系统和功能的车辆也在全球范围内不断扩大应用。

汽车作为重要的交通工具，自动驾驶技术的应用不但给汽车工业领域带来技术挑战，也对产品安全、道路交通秩序、交通运输安全等领域提出新的命题。自 2017 年起，我国已持续通过多类型的先行先试支持技术与产品验证并进行商业模式创新、管理方式升级，但面对日益强烈的自动驾驶汽车量产化、无人化和规模化应用的需求，法律法规的供给已刻不容缓。因此，为助力自动驾驶汽车规范化、高质量发展，提升国际自动驾驶法治影响力，有必要在总结国外和地方立法实践经验的基础上，制定一部面向未来、引领未来的自动驾驶汽车模范法。

一、自动驾驶汽车法律命名探析

"自动驾驶汽车"与"智能网联汽车"在我国现行法律规范下具有同一性。如《智能网联汽车道路测试与示范应用管理规范（试行）》指出："智能网联汽车是指搭载先进的车载传感器、控制器、执行器等装置，并融合现代通信与网络技术，实现车与 X（人、车、路、云端等）智能信息交换、共享，具备复杂的环境感知、智能决策、协同控制等功能，可实现安全、高效、舒适、节能行驶，并最终可替代人来操作的新一代汽车。智能网联汽车通常也被称为智能汽车、自动驾驶汽车等。"因此，在国内当前行业语境下，对智能驾驶、自动驾驶等技术讨论时都在"智能网联汽车"这一话语范畴下进行。

但实际上三者有差异，智能驾驶汽车或自动驾驶汽车不同于智能网联汽车，其更关注对"智能化+网联化"两种路径的融合兼顾，更强调汽车自动执行驾驶任务的程度。自动驾驶汽车是指搭载先进的车载传感器、控制器、执行器等装置，具备复杂的环境感知、智能决策、控制和执行等功能，可实现安全、舒适、节能、高效行驶，并最终可替代人来操作的新一代汽车。智能驾驶汽车技术涵盖了 ADAS、智能互联等任何有助于实现汽车驾驶智能化的系统和应用，覆盖到环境感知、规划决策、控制执行等多个环节，并最终指向"代替人操作"的目标。

无人驾驶汽车的定义又有所不同，SAE 将自动驾驶系统区分为五个阶段，当系统进入 L4（高度自动驾驶）、L5（完全自动驾驶）

阶段，则可实现无须人为干预就能自动化执行驾驶任务，完成"代替人来操作"的目标，这正是无人驾驶在中文意义下的行业使用习惯。

从技术定义来看，智能网联、自动驾驶、无人驾驶的关系应是内涵层层缩小、技术层层递进。其中，智能网联汽车范围最广，自动驾驶汽车次之，仅指 L3—L5 级自动驾驶汽车。无人驾驶汽车与前者在使用上又有明显区分，主要突出"车内无驾驶员"，通常指具备 L4—L5 级自动驾驶功能的汽车。

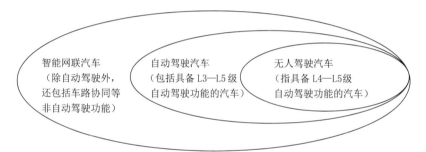

图1 智能网联、自动驾驶、无人驾驶汽车定义范围

自动驾驶汽车立法与传统车辆产品规制与驾驶行为规制的立法存在显著逻辑差异。"有驾驶人"与"无驾驶人"、"人主导"与"车主导"之间的交通安全监管与事故归责逻辑完全不同。在立法逻辑上，部分智能网联汽车依然以"人"为主体，"人"是行为决策者及归责对象，其与传统交通法律规范并无二致。如果以其概念范围为整部法律规范的外延，则同一法律规范内势必存在两种不同的逻辑规则与规制路径，难以实现法律事实与法律推论的逻辑统一，也会加重其与道路交通安全法之间的法条竞合，不利于交通法律规范的高效统一运行。此外，当前主流自动驾驶技术除车路云一体的智能网联路线外，还包括单车智能路线，作为宏观法律规制的自动驾驶汽车（模范法）不应预设技术路线。因此，相关法律规范命名应以自动驾驶汽车为准。

二、制定《自动驾驶汽车法》的必要性

（一）产业发展亟须国内立法提速

我国自动驾驶技术产品与车辆研发和商业化应用进程位居世界前列。从自动驾驶汽车市场销量来看，据工信部公开数据统计，2022年我国搭载辅助自动驾驶系统的智能网联乘用车新车销量达700万辆，同比增长45.6%。2023年上半年，具备组合驾驶辅助功能的乘用车新车销量占比达到42.4%，较上一年同期增加近10%。从自动驾驶汽车测试来看，截至2024年4月底，我国共开放智能网联汽车测试道路29 000多公里。2024年4月10日，全国首条跨省自动驾驶测试道路——G2京沪高速河北廊坊段正式启用，这标志着我国自动驾驶已开启跨省市、跨场景应用。

2023年全国"两会"期间，汽车界代表朱华荣、冯兴亚和何小鹏提出加快立法能够有力推动智能网联汽车产业有力、有序、有质量发展，并认为法规缺位将使自动驾驶永远只能停留在L2.999。2022年6月，深圳率先制定了《深圳经济特区智能网联汽车管理条例》，以集成式专门立法形式加强对智能网联汽车的法治化、规范化管理。自2022年8月1日起，深圳允许完全自动驾驶汽车上路行驶，深圳自动驾驶汽车产业迅速实现L3级飞跃，产业发展进入快车道。但除深圳外，暂无其他综合性自动驾驶汽车地方立法出台。全国范围内自2021年《道路交通安全法（征求意见稿）》发布后也缺少进一步讨论，未就自动驾驶汽车进行专门立法规划。L3级以上智能网联汽车的市场准入、责任主体、运营规则与相应管理机制依然不明确，法律规范缺位将成为我国智能网联汽车高质量发展和无人化、规模化应用的现实紧迫阻碍。因此，加强自动驾驶汽

车立法，促进产业发展提质增效具有现实意义。

（二）国内立法滞后于国际实践

自动驾驶汽车域外立法实践起步较早，包括两个层次：一是国际条约，以联合国欧洲经济委员会 2016 年修订的《维也纳道路交通公约》、2020 年制定的《ALKS（自动车道保持系统）条例》及 2022 年批准的 UNR 157 法规修正案为主。其中《维也纳道路交通公约》允许自动驾驶系统在符合要求且驾驶人能随时接管车辆的情况下控制车辆行驶，正式确认了自动驾驶的合法身份。《ALKS（自动车道保持系统）条例》及 UNR 157 法规修正案则将自动驾驶适用场景由低速、拥堵场景拓展到高速公路点到点自动驾驶全场景。

二是各国立法实践。目前，美国、日本、德国和英国自动驾驶汽车立法较为丰富。从法案的前瞻性、丰富性来看，美国的立法实践走在前列。早在 2011 年美国内华达州便通过了第一部自动驾驶汽车法案，该法案对自动驾驶汽车的有限行驶、技术标准、运行报告、保险等作了具体规定。此后，美国各州纷纷进行了关于自动驾驶道路测试的立法。但是，美国联邦级自动驾驶立法活动较为滞后，规定不够完善，2017 年《自动驾驶法案》最终也未通过。日本同样较早启动了自动驾驶汽车立法探索，2016 年日本警视厅制定了《自动驾驶汽车道路测试指南》，允许自动驾驶汽车在符合法定条件下开展道路测试活动。后续则通过修订现有道路交通法的形式，逐步放开 L3 级、L4 级自动驾驶汽车的路权。相较于美国和日本，德国立法实践起步较晚，但法律规范已较为完善。德国采用了与日本相似的规制模式，通过修订现有道路交通法的形式对自动驾驶活动进行调整。但与日本的小修小补不同，2021 年德国颁布了专门针对自动驾驶活动的《道路交通法自动驾驶修正案》，该修正案也被称为德国版的自动驾驶法案。《道路交通法自动驾驶修正案》不仅赋予了 L4 级以上自动驾驶的法律地位，还进一步明确了所有人、生产商的权利义务，形成了较为完善的法律关系体系。与日本、德国不同，英国采用了专门、统一的自动驾驶立法形式，2024年英国正式审议通过了《英国自动驾驶汽车法案》，该法案的前瞻性与完备性远超前述各国。

与世界主要汽车强国相比，我国的自动驾驶汽车产业不仅不落后而且处于领先方阵，例如，在美国加州交通管理局 2022 年统计的自动驾驶 MPI（Miles Per Intervention，平均接管里程）数据中，AutoX 安途（中国）仅次于 Cruise（美国）位居世界第二，在车队规模排名中，中国的自动驾驶公司也多位于领先方阵。[1]但是，与美国、日本、德国、英国等自动驾驶汽车产业强国相比，我国立法实践处于落后态势，不利于运用法治武器保护本国产业，推动智能驾驶汽车出海，也不利于提升我国在国际智能驾驶规则制定中的影响力。

（三）国内现行规范性文件位阶低、不系统

目前，无论是国家层面还是地方层面，均对智能网联汽车出台了诸多相应配套文件。从国家层面来看，相继出台的《新能源汽车产业发展规划（2021—2035 年）》《智能汽车创新发展战略》构成了自动驾驶汽车发展的战略蓝图，从国家战略层面对推动自动驾驶技术发展提出了总体要求、主要任务和保障措施。《关于加强车联网网络安全和数据安全工作的通知》《智能网联汽车道路测试与示范应用管理规范（试行）》《关于加强智能网联汽车生产企业及产品准入管理的意见》《汽车数据安全管理若干规定（试行）》《关于开展智能网联汽车准入和上路通行试点工作的通知》《关于开展智能网联汽车"车路云一体化"应用试点工作的通知》等则分别

---

[1] 李晓华：《自动驾驶的发展现状、挑战与应对》，载《人民论坛》2023 年第18 期。

从自动驾驶道路测试及示范应用、交通违法行为和事故处理、生产企业和产品准入、网络数据安全、汽车数据处理、试点应用等方面进行了规定，初步搭建了自动驾驶汽车管理的基本框架。《汽车驾驶自动化分级》（GB/T 40429-2021）等国家标准对自动驾驶汽车分级进行了基础性规定。

表 1　自动驾驶汽车政策法规（部分）层次结构

序号	层次	发布时间	文件名称	主要内容
1	战略层	2020 年 2 月 10 日	《智能汽车创新发展战略》	文件提出围绕智能汽车全产业链构建 6 大体系，并明确我国智能汽车创新发展的 20 项主要任务
2		2020 年 10 月 20 日	《新能源汽车产业发展规划（2021—2035 年）》	提出力争经过 15 年的持续努力，高度自动驾驶汽车实现规模化应用目标
3		2022 年 1 月 24 日	《交通领域科技创新中长期发展规划纲要（2021—2035 年）》	大力推动智慧交通建设。到 2035 年我国交通运输科技创新水平总体迈入世界前列
4	规范层	2021 年 7 月 27 日	《智能网联汽车道路测试与示范应用管理规范（试行）》	对中华人民共和国境内进行的智能网联汽车道路测试与示范应用作出具体规定，对 2018 年发布的《智能网联汽车道路测试管理规范（试行）》进行更新

序号	层次	发布时间	文件名称	主要内容
5	规范层	2021年7月30日	《关于加强智能网联汽车生产企业及产品准入管理的意见》	对智能网联汽车网络数据安全、软件在线升级、产品质量管理等提出要求
6		2021年8月16日	《汽车数据安全管理若干规定（试行）》	对汽车数据的收集、存储、使用、加工、传输、提供、公开等全流程进行了详细规定
7		2021年9月15日	《关于加强车联网网络安全和数据安全工作的通知》	对智能网联汽车网络安全和数据安全提出要求
8		2023年11月17日	《关于开展智能网联汽车准入和上路通行试点工作的通知》	对智能网联汽车准入和上路通行进行了具体规定
9		2024年1月15日	《关于开展智能网联汽车"车路云一体化"应用试点工作的通知》	对智能网联汽车"车路云一体化"应用试点进行了具体规定
10	标准层	2021年8月20日	《汽车驾驶自动化分级》	将我国自动驾驶汽车从0~5划分为6个等级

地方层面，深圳市走在地方立法前列，率先出台了《深圳经济特区智能网联汽车管理条例》，无锡、苏州、阳泉、杭州等地也紧随其后。其他各地也积极跟进相关立法。例如广州、武汉、北京已先后发布了《广州市智能网联汽车创新发展条例》《武汉市智能网联汽车发展促进条例》及《北京市自动驾驶汽车条例》。除地方立法外，各地也相继颁布了许多规范性文件。例如，2022年3月31日北京市出台了《北京市智能网联汽车政策先行区智能网联客运巴

士道路测试、示范区应用管理实施细则（试行）》对智能网联客运巴士路测和应用作了政策性规定。2022 年 11 月 7 日出台了《北京市智能网联汽车政策先行区无人接驳车管理细则（道路测试与示范应用）》，成为全国首个智能网联无人接驳车管理细则。

但以上法律规范都属于部门规章、规范性文件或国家、地区标准，法律位阶较低，缺乏足够的法律强制力，且不够系统。此外，由于缺乏国家层面的统一立法，地方性法规及规章之间存在诸多不统一和不协调之处。

三、《自动驾驶汽车法》的立法目的

（一）促进产业高质量发展

《自动驾驶汽车法》的首要立法目的是促进自动驾驶汽车产业的高质量发展。L3 级自动驾驶一直被认为是区分智能辅助驾驶与真正自动驾驶的重要拐点。随着自动驾驶技术的飞速革新和自动驾驶汽车应用试点的深入推进，我国自动驾驶汽车产业已迈过这一重要拐点。自动驾驶汽车正处于规模化应用前夜。可以预见，自动驾驶汽车将成为未来交通领域的重要发展方向。为了确保这一新兴产业的持续繁荣，需要以立法的形式将自动驾驶汽车的定义、技术标准、监管措施等确定下来，为产业提供清晰的发展路径和稳定的心理预期。

此外，《智能汽车创新发展战略》《新能源汽车产业发展规划（2021—2035 年）》等已将自动驾驶汽车列入国家战略之中。立法需要服务国家战略需求，从现有立法实践来看，无论是国家层面的《智能网联汽车道路测试与示范应用管理规范（试行）》，还是地方性法规层面的《深圳经济特区智能网联汽车管理条例》《杭州市智能网联车辆测试与应用促进条例》《广州市智能网联汽车创新发展条例（草案）》《武汉市智能网联汽车发展促进条例（草案）》

《北京市自动驾驶汽车条例（草案）》等都将促进产业高质量发展置于首位，写入立法目的之中。《自动驾驶汽车法》作为规范自动驾驶汽车活动的基本法，概莫能外。

（二）维护国家安全、公共利益和个人、组织合法权益

《自动驾驶汽车法》旨在规范自动驾驶汽车的生产、销售与应用活动，确保其全生命周期的安全性和合法性，维护国家安全、公共利益和个人、组织合法权益。安全是发展的一体两面，是《自动驾驶汽车法》要解决的核心问题之一。自动驾驶汽车作为新兴技术，其发展和应用涉及国家安全、社会稳定、公共利益及个人、组织相关合法权益等多个方面。具体来说，自动驾驶汽车的应用可能会给国家带来新型安全威胁，冲击传统道路交通秩序与安全，也会给个人和组织带来诸如交通事故、个人隐私及网络数据等安全风险。因此，法律需要加强对自动驾驶汽车相关应用活动的监管，确保其符合国家安全和公共利益的要求，不损害个人、组织的合法利益。

在全球范围内，各国政府都在加大对自动驾驶汽车技术的监管力度。以美国为例，其国家公路交通安全管理局（NHTSA）制定了一系列针对自动驾驶汽车的法规和标准，要求企业在研发和测试过程中必须遵守相关规定。同时，政府还加强了对自动驾驶汽车相关数据的监管和审查，防止数据泄露和滥用对国家安全造成威胁，对个人隐私造成侵害。这些实践表明，自动驾驶汽车立法在维护国家安全、公共利益，保护个人、组织合法权益方面发挥着重要作用。通过严格的监管和评估机制，可以确保自动驾驶汽车技术的发展符合国家及社会的整体利益和安全要求。

（三）促进数字社会公平正义

除确保高质量发展和高水平安全外，促进数字社会公平正义也是《自动驾驶汽车法》的重要立法目的之一。从自动驾驶汽车技术

原理出发，自动驾驶汽车的决策依赖于复杂的算法。这些算法若未经妥善设计或监管，可能会无意中嵌入偏见，导致同一事故情形下，不同人群遭遇不公平损害。自动驾驶汽车算法公平是自动驾驶汽车应用公平的基石。从当前域外立法实践来看，英国、德国和美国等国都意识到这一问题的重要性。例如，德国《自动和网联车辆交通伦理准则》对"电车难题"问题作出了伦理规制；英国虽然未在《自动驾驶汽车法案》中直接体现算法伦理规制，但先后发布了《理解人工智能伦理和安全》《算法透明度标准》等算法伦理指南；美国则通过加强数据保护和隐私立法，间接促进算法决策的公平性。

此外，随着社会数字化、智能化，数字弱势群体保障已是现实问题，高质量立法应为生民立命，回应人民对美好生活的向往。但随着数字化的到来，部分社会群体通常由于经济条件、技术素养或竞争失衡等原因沦为数字弱势群体。例如，自动驾驶汽车大规模商业落地会给传统交通运输行业带来降维打击，并导致驾驶员大范围失业。又如，许多残疾人、老年人或被排斥在自动驾驶汽车带来的便利之外。因此，严防算法歧视，保障数字弱势群体利益，促进数字社会公平正义是自动驾驶汽车立法必须回应的问题。

四、《自动驾驶汽车法》的立法思路

对于一部法律而言，立法目的往往起统摄作用。基于"目的—原则—规则"的衍生逻辑，一部法律的具体规范往往由立法目的衍生而来。从立法的合目的性来看，自动驾驶汽车立法应统筹发展和安全两个方面，在促进自动驾驶汽车产业发展的同时兼顾社会公平，在着眼当下的同时更要放眼未来。

（一）统筹发展与安全

从发展与安全的关系来看，发展是安全的目的，安全是发展的保障。因此，自动驾驶汽车立法要统筹好发展和安全两个大局。一是要明确发展的导向性。明确不发展是最大的不安全这一基本原则。这要求基于安全所衍生出的派生原则、规则，应以服务发展为基本导向，具体以是否阻碍产业高质量发展为基准，审慎考虑对产业高质量发展起阻碍作用的安全规范。二是要明确安全的动态性。发展是一个动态的过程，作为发展的保障，安全也是一个动态过程，这要求相关规范在设计时，应尽量减少使用封闭式列举形式，多采用概括式立法加开放式列举的形式，保障安全条款的动态性。三是需明确安全的底线性。安全是发展的"高压线"，这要求安全规则必须"长牙齿"，法律责任规范要以安全规则为标尺，明确法律后果，发挥保障作用。

（二）兼顾效率与公平

中国式现代化要求追求效率的同时也要维护社会公平。自动驾驶汽车的立法首先需要促进技术的创新与发展，提高道路交通的效率和安全性，这包括：第一，技术创新激励。通过立法明确自动驾驶汽车的合法地位，为技术创新提供法律保障，鼓励企业加大研发投入，推动自动驾驶技术的快速迭代和商业化应用。第二，标准制定与监管。建立统一的技术标准和监管体系，确保自动驾驶汽车的设计、测试、运营等环节都遵循高效、安全的原则。同时，简化审批流程，降低市场准入门槛，促进产业竞争和健康发展。第三，基础设施建设。立法应支持相关基础设施的建设和完善，如智能交通系统、高精度地图等，为自动驾驶汽车提供必要的数据支持和运行环境，提高交通系统的整体效率。

在追求效率的同时，立法必须兼顾社会公平，确保技术进步惠及全体社会成员，避免加剧社会不平等，这包括：第一，算法公正性。如前所述，立法应禁止算法歧视，确保自动驾驶汽车的决策过程公正、透明、无偏见。这要求算法设计必须遵循公平原则，充分考虑不同群体的需求和利益，避免对特定人群造成不利影响。第二，数字弱势群体保护。针对数字弱势群体，立法应提供特别保护，确保他们能够平等地享受自动驾驶技术带来的便利。这包括提供无障碍设计的产品和服务、提供技术培训和支持、制定优惠政策等措施。第三，数据安全与隐私保护。自动驾驶汽车的运行依赖于大量个人数据的收集和处理。立法应严格规范数据的使用和共享，保护个人隐私权益，防止数据被滥用或泄露。同时，应确保数据在推动技术创新和保障社会公平之间找到合理的平衡点。

（三）平衡未来与当下

自动驾驶既是一个当下应用，也是一项未来技术。在针对其立法时，必须既着眼当下，也放眼未来。具体来说，自动驾驶汽车立法应坚持问题导向，紧紧围绕我国自动驾驶汽车产业发展的现实需求，以产业发展中切实遇到的痛点、难点、堵点为突破口，按照"有限立法"原则，通过制定授权性、义务性、禁止性和宣示性规范，重点解决自动驾驶汽车研发创新、商业应用、行业监管等活动中面临的现实问题。同时，自动驾驶汽车立法还要坚持未来法治。作为一项新兴技术，自动驾驶汽车的发展与应用前景广阔，制度设计不应过于局限于当下，例如，规则设计不应预设技术路线，而应最大限度保证制度规范的可兼容性，为适应技术变革留下空间。又如，兜底条款规范设计时应尽量增加权利性兜底条款，减少义务性兜底条款，以为调和未来法律规范的不完备性留下解释空间。

五、《自动驾驶汽车法》的体例构造

（一）总则编

总则是法律的总纲，其统领着一部法律全部规范的价值取向，引申出一部法律规范所涵盖的总体原则，决定了一部法律中具体规范的展开路径。《自动驾驶汽车法》同样设有总则编，对本法的立法宗旨、任务目标、适用范围、指导思想和基本原则等进行了总论性规定。

展开来讲，主要包括以下几个方面：一是明确立法目的，将推动自动驾驶汽车高质量、可持续发展作为总目标。这一总目标要求自动驾驶汽车立法不能局限于自动驾驶汽车应用本身，而应跳出狭义自动驾驶汽车法的范畴，立足全域视角，从技术创新、产业促进、规范应用、可持续应用等多个方面进行广义立法。此外，"高质量、可持续"是贯穿于本法的一条主线，一切法律条款设计和权利义务统筹都需要服务于这一总目标的实现。二是基于立法目的，拆解出创新驱动、开放共享、有序可控、安全可靠、绿色环保五大基本原则，为自动驾驶汽车产业发展与技术应用设定概括性要求及标准。三是明确自动驾驶汽车的定义，即指具备自动化程度达到有条件自动驾驶、高度自动驾驶和完全自动驾驶三级的自动驾驶系统与功能的车辆。四是明确自动驾驶汽车路权，以逐步开放为思路，逐步扩大自动驾驶汽车可以通行的路段及区域范围，最终实现全域开放。五是法律适用范围，明确本法的规制范围与内容，划定管辖界限。

（二）功能编

《自动驾驶汽车法》功能编是基于总则所确立的任务目标及基本原则延伸而来，在本法中充当分则部分，起着使总则内容具体化、可操作化的作用。功能编的主要任务在于分解任务目标，赋予法律关系各方相应的权利义务，保障总目标实现。

功能编主要包括以下若干板块：一是产业促进规范。自动驾驶技术是发展新质生产力的关键驱动力，汽车制造业被誉为现代工业的"皇冠明珠"。自动驾驶汽车制造不仅是现代工业技术的集大成者，更是国家科技竞争力的关键所在，因此，有必要为其设计相应的产业促进规范。二是基础设施促进规范。自动驾驶汽车的落地应用离不开交通、信息网络等基础设施的智能化升级，尤其离不开公路系统的智能化改造。因此，可以自动驾驶汽车立法为契机，确定相关基础设施促进规范，既满足自动驾驶汽车落地应用的需要，也为国家交通基础设施智能化升级提供法律依靠。三是产品质量规范。自动驾驶技术的出现逐渐将交通事故成因从驾驶者失误向系统缺陷转移。质言之，自动驾驶汽车的产品质量直接关乎公民生命财产安全，因此，建立相应的产品质量责任机制尤为重要。四是市场准入规范。自动驾驶汽车在市场准入方面应遵循严格准入原则，建立完善的市场准入与登记制度，同时健全地方标准和团体标准，为构建健康有序的自动驾驶汽车市场保驾护航。五是应用管理规范。自动驾驶汽车应用主要包括道路测试、示范应用、示范运用三个方面。应围绕这三个方面设计相应的行为准则，规范应用活动，防止行为失范。六是算法、网络与数据管理规范。自动驾驶技术离不开自动驾驶算法及交通大数据，因此要加强自动驾驶算法管理，严禁算法歧视，规范算法决策，增强决策透明性。同时，还要加强网络与数据安全管理。网络数据安全与自动驾驶安全休戚相关。没有安全的网络环境，没有合规的数据处理活动，就无行车安全可言。此外，在加强数据管理的基础上还应明确数据开放共享原则，打破平台数据壁垒，促进数据流通与利用。

（三）责任编

《自动驾驶汽车法》责任编主要包括两个方面：一是自动驾驶交通事故责任规范，旨在明确自动驾驶汽车交通违法和事故处理机制，明确交通事故分级处理规则和责任分级划分；二是功能编相关法定义务违反责任规范，旨在为相关违法行为设计相应法律责任，为违反产品质量、市场准入、主体职责、算法与数据网络安全规定设计相应法律后果。

表2 《自动驾驶汽车法》的规范构造

序号	模块	相关规范	主要内容
1	总则编	总论规范	明确立法目的、基本原则、概念定义、分级分类标准及汽车上路权等
2	功能编	产业促进规范	鼓励创新、促进成果转化、细化产业扶持政策、加强知识产权保护、促进社会接受等
		基础设施促进规范	加快公路升级改造、加强车路协同基础设施建设、规范高精地图绘制、建设统一监管平台
		产品质量规范	禁止销售伪劣产品、加强产品质量管理、明确产品质量责任，禁止夸大宣传、混淆销售
		市场准入规范	明确严格准入登记制、明确地方与团体标准及适用
		应用管理规范	明确道路测试、示范应用、示范运营规范
		算法、网络与数据管理规范	确立禁止算法歧视原则、加强算法监管、加强网络与数据安全监管、鼓励数据开放、促进数据流通
3	责任编	交通事故责任	明确交通事故违法责任
		义务违反责任	明确功能编各规范违法责任，并做好法律衔接

《自动驾驶汽车法（模范法）》模范法条

第一章　总则

第一条　立法目的

为统筹推进自动驾驶汽车高质量、可持续发展，规范自动驾驶技术应用，维护国家安全和公共利益，保护公民、法人和其他组织的合法权益，根据宪法，制定本法。

第二条　基本原则

自动驾驶汽车产业发展及技术应用应当遵循创新驱动、开放共享、有序可控、安全可靠、绿色环保原则。

第三条　自动驾驶汽车定义

自动驾驶汽车是指搭载符合国家相关标准驾驶自动化系统的，能够在其设计运行条件下持续执行全部动态驾驶任务的车辆。

第四条　自动驾驶分级

自动驾驶等级包括有条件自动驾驶、高度自动驾驶和完全自动驾驶。

有条件自动驾驶，是指自动驾驶系统能在其设计运行条件下持续地执行全部动态驾驶任务。

　　高度自动驾驶，是指自动驾驶系统能在其设计运行条件下持续地执行全部动态驾驶任务并自动执行最小风险策略。

　　完全自动驾驶，是指自动驾驶系统在任何可行驾驶条件下持续地执行全部动态驾驶任务并自动执行最小风险策略。

第五条　自动驾驶汽车路权

　　自动驾驶汽车应当在交通管理部门划定的区域、路段行驶。

　　交通运输主管部门应会同公安、工信等部门，根据自动驾驶汽车智能化程度划定相应的准驾路段、区域，并在确保安全的前提下，逐步扩大路段、区域范围。支持条件成熟的地区在特定区域内实现全域开放，并最终实现全国范围内全域开放。

第六条　法律适用范围

　　我国范围内的自动驾驶汽车的研发制造、准入登记、使用管理、相关基础设施建设、相关算法研发与利用、网络数据活动、事故责任认定等优先适用本法。

第二章　产业促进

第七条　鼓励创新研发

　　国家鼓励自动驾驶技术研究开发，支持企业、高校和其他科研机构加强产学研合作，加快技术攻关。对在车载芯片、自动驾驶算法、自动驾驶系统等关键技术领域取得重大原创性成果的个人、企业、高校和其他科研机构，给予相应奖励。

第八条　促进成果转化

　　国家在尊重市场规律的基础上，鼓励搭建自动驾驶技术产、学、研合作平台，支持自动驾驶创新成果转化。

国务院和地方各级人民政府应当加强科技、财政、投资、税收、人才、产业、金融、政府采购、军民融合等政策协同，为自动驾驶科技成果转化创造良好环境。

第九条　产业发展规划

国家应定期制定并及时更新自动驾驶汽车创新发展长期战略与中长期发展规划，明确产业发展目标。

第十条　产业扶持政策

各级人民政府、各有关部门应依照本法、部门职责及地方发展实际做好本领域自动驾驶产业促进工作，并根据自动驾驶汽车产业发展实际，在政策补贴、金融服务、用地审批、税费减免、人才引育、基础设施建设、专利技术审查等方面予以支持。

第十一条　知识产权保护

为加快自动驾驶技术知识产权确权保护，国家鼓励设置自动驾驶技术知识产权保护绿色通道，简化专利技术审查授权程序。

县级以上地方各级人民政府负责知识产权执法的部门应当采取积极措施，将自动驾驶相关知识产权保护纳入重点监管，依法查处侵犯相关知识产权的行为。

从事自动驾驶汽车研发生产的公民、法人和其他组织应当增强知识产权保护意识，提高运用、保护和管理自动驾驶汽车相关知识产权的能力。

第十二条　促进社会认同

各级人民政府、宣传部门、科技部门应当广泛开展自动驾驶汽车相关知识的宣传及科普工作，引导人民群众正确认识自动驾驶技术，不断提高自动驾驶汽车社会接纳程度。

第三章　基础设施建设

第十三条　公路升级改造

交通运输主管部门、城市管理部门在新建、改建国省普通干线、高速公路、城市道路时，应对道路的自动驾驶适驾性进行论证。应综合考虑自动驾驶产业发展现状及自动驾驶汽车运营现实需要，逐步对国省普通干线、高速公路、城市道路开展自动驾驶适驾改造。

应保障自动驾驶汽车适驾道路及其设施满足自动驾驶安全需要，保障公路路面标记清晰、道路设施完善、隔离设施无盲区、交叉口与平交道口视距良好、交通信号准确、道路宽度适中、道路坡度适中、道路照明充足、道路安全设施完善、道路排水设施良好等。

第十四条　特有交通信号

自动驾驶汽车通行路段可以设置独立供电的特有交通信号设备，便于通常交通信号失灵时，自动驾驶汽车得以按相关交通信号指示通行。

第十五条　车路协同基础设施定义

车路协同基础设施是指安装在路侧，用于感知和监控道路交通状况，并与车辆进行信息交互和协同控制的相关基础设施。

第十六条　车路协同基础设施建设

各设区市人民政府应结合本辖区自动驾驶汽车通行需求，统筹规划并配套建设路侧设备、感知设施、网络设施、云计算单元等智能车路协同基础设施，并定期更新维护。

自动驾驶汽车相关企业需开展道路测试、示范应用和示范运营的，可以经审批后在公用基础设施上搭建车路协同基础设施。相关主管部门对规划合理、技术安全达标的相关项目应当予以支持。

第十七条 高精地图绘制

国家鼓励具有相应测绘资质的单位开展高精度地图绘制。不具备相应测绘资质的组织、个人不得从事高精度地图绘制，不得开展测绘地理数据处理活动。

相关数据传输应使用符合国家安全要求和标准的加密措施进行加密，并采用具有安全保护措施的网络通道进行传输。

第十八条 统一平台建设

工业和信息化部门应当统筹各监管部门，整合优化现有设施和数据资源，建设自动驾驶汽车统一监管平台，实现人车路云一体化监管，保障交通、网络、数据、隐私等安全。

第四章 产品质量

第十九条 产品质量一般要求

根据《中华人民共和国产品质量法》有关规定，结合自动驾驶汽车自身特点，其产品质量应当符合下列要求：

（一）自动驾驶系统应视为产品，并符合相应的国家标准，不存在制造、设计、警示等缺陷，不具有危及人身、财产安全的不合理危险；

（二）自动驾驶汽车应符合相应的国家标准，不存在制造、设计、警示等缺陷，不具有危及人身、财产安全的不合理危险；

（三）具备产品应当具备的使用性能，但对产品存在使用性能的瑕疵作出说明的除外；

（四）符合在产品或者其包装上注明采用的产品标准，符合以产品说明、实物样品等方式表明的质量状况。

第二十条　产品质量特殊要求

自动驾驶汽车车身应具备统一、醒目的自动驾驶标识，以提醒周边车辆、行人注意。

除具备完全自动驾驶等级以外的自动驾驶汽车内部应当设置符合相关国家标准的警示装置，在不适合自动驾驶或者有其他影响交通安全的情况下，以显著方式提醒驾驶员切换手动操作，并为驾驶员接管车辆控制预留足够反应时间。

自动驾驶汽车产品生产者应当为车辆配置自动驾驶模式外部指示灯，自动驾驶汽车在自动驾驶模式下行驶时应当开启外部指示灯，向道路上的其他车辆和行人发出明显的安全提示。

自动驾驶汽车车载设备应当具备记录和存储功能，并确保相关数据存储期限不少于一年。

第二十一条　产品质量管理

自动驾驶系统运营者、自动驾驶汽车生产者、销售者应当建立健全并严格执行内部产品质量管理制度。

自动驾驶系统运营者、自动驾驶汽车生产者应建立健全自动驾驶系统及软件更新与维护制度，定期更新系统，修补漏洞并提高自动驾驶系统的安全性和稳定性，并及时公开系统更新信息。

国家鼓励自动驾驶汽车相关企业提升产品品质，对产品质量达到国际先进水平、成绩显著的单位和个人，给予相应奖励。

第二十二条　产品质量责任

自动驾驶汽车产品存在缺陷造成他人损害的，生产者应当承担侵权责任。被侵权人可以向自动驾驶汽车的生产者请求赔偿，也可以向自动驾驶汽车产品的销售者请求赔偿。

自动驾驶汽车产品的缺陷由生产者造成的，销售者赔偿后，有权向生产者追偿。因销售者的过错使自动驾驶汽车产品存在缺陷的，生产者赔偿后，有权向销售者追偿。

第二十三条　虚假营销限制

自动驾驶汽车生产者、销售者应在营销活动中规范使用关于自动驾驶的特定术语、表达方式及其他标志符号，不得采用虚假表述、混淆表述、偷换概念及其他足以使消费者对不同程度的自动驾驶功能或辅助功能产生混淆的方式进行营销。

第二十四条　售后补救措施

自动驾驶汽车投入流通后发现存在缺陷的，生产者、销售者应当依法及时采取停止销售、警示、召回等补救措施。

明知自动驾驶汽车存在缺陷仍然生产、销售，或者未依据前款规定采取有效补救措施，造成他人死亡或者健康严重损害的，被侵权人有权请求相应的惩罚性赔偿。

第二十五条　产品质量责任风险抗辩

自动驾驶汽车产品因存在缺陷造成人身、缺陷产品以外的其他财产损害的，生产者应当承担赔偿责任。但是生产者能够证明有下列情形之一的，不承担赔偿责任：

（一）未将产品投入流通的；

（二）产品投入流通时，引起损害的缺陷尚不存在的；

（三）将产品投入流通时的科学技术尚不能发现缺陷存在的。

第二十六条　安全生产责任与安全保障义务

自动驾驶系统运营者，自动驾驶汽车生产者、销售者和自动驾驶运输经营者负有在各自职责范围内建立健全安全生产制度、运输安全保障机制和应急处置机制的义务。

开展经营活动的自动驾驶运输经营者要加强车辆运行状态信息管理，配合交通运输主管部门加强车辆动态监控，落实运输车辆及人员配备的法定要求。

第二十七条　售后服务责任

自动驾驶系统运营者、自动驾驶汽车生产者、销售者应当对自动驾驶汽车的产品质量负责，并建立健全产品质量追溯机制和售后服务机制。

自动驾驶汽车生产者和销售者应建立健全投诉与反馈机制，及时受理有关产品质量、使用安全等方面的投诉，并及时处理、反馈。

在自动驾驶系统或车辆出现故障，并引发安全事故及其他危险情况时，自动驾驶系统运营者、自动驾驶汽车生产者、销售者和自动驾驶运输经营者应依据各自分工为救援活动开展提供相应技术支持，并配合调查，按要求提供车辆后台数据协助查明事故原因。

第五章　安全员

第二十八条　安全员分级要求

有条件自动驾驶的自动驾驶汽车，应当具有人工驾驶模式和相应装置，并配备驾驶员或随车安全员。

高度自动驾驶的自动驾驶汽车，可以不具有人工驾驶模式和相应装置，但应配备远程安全员。远程安全员人车比不得低于 1∶3。

完全自动驾驶的自动驾驶汽车，可以不具有人工驾驶模式和相应装置，也可以不配备安全员。

第二十九条　安全员注意义务

自动驾驶汽车安全员应当按照自动驾驶等级通过交通运输主管部门组织的自动驾驶职业技能及安全培训，取得相应证明，掌握并规范使用自动驾驶功能，具备自动驾驶车辆安全操控及紧急状态下应急处置能力。

在有条件自动驾驶模式下，安全员应当处于车辆驾驶座位上，监控车辆运行状态和周围环境，并随时准备接管车辆。

在高度自动驾驶模式下，安全员可以不处于车辆驾驶座位上，但应当监控车辆运行状态和周围环境，并及时响应车辆远程接管请求。

在完全自动驾驶模式下，可以不配备安全员，但从事客运、货运等经营性服务的应配备远程安全员，人车比不得低于 1：3。远程安全员应当监控车辆运行状态和周围环境，并及时响应车辆远程接管请求。

第三十条　安全员安全控制义务

在有条件自动驾驶模式下，或客运、货运等经营性活动中，当车辆发出接管请求或者处于不适合自动驾驶的状态时，安全员应当及时接管车辆。

在高度自动驾驶模式下，当车辆发出接管请求或者处于不适合自动驾驶的状态时，远程安全员应当及时响应车辆远程接管请求。

当远程安全员收到车辆发出的远程接管请求时，若自动驾驶汽车无重大交通安全事故风险，可由自动驾驶汽车自动执行最小风险策略。若存在重大交通事故风险，或系统无法继续独立完成驾驶任务或无法执行最小风险策略，远程安全员应当根据系统提示，及时接管车辆。

第三十一条 车辆安全维护义务

自动驾驶汽车所有人、管理人应当对自动驾驶系统和其他涉及自动驾驶汽车安全的设施设备进行定期维护。

自动驾驶车所有人、管理人应当按照公安机关、交通运输主管部门的相关要求，根据车辆型号、用途、使用年限等不同情况，定期对车辆进行安全技术检验。

第六章 准入和登记

第三十二条 严格准入登记制

自动驾驶汽车产品实行严格准入管理制度，自动驾驶汽车的生产应当符合国家或地方有关自动驾驶汽车的技术标准及安全规范。

自动驾驶汽车生产企业通过产品测试与安全评估后，方可启动产品准入申请。

第三十三条 产品准入规则

工业和信息化部、公安部、交通运输部等主管部门应当细化完善自动驾驶汽车产品的准入测试与安全评估标准，并对自动驾驶汽车生产企业开展产品测试与安全评估工作。

自动驾驶汽车生产企业通过产品测试与安全评估后，方可向工业和信息化部提交产品准入申请。工业和信息化部依据道路机动车辆生产企业和产品准入管理有关规定，经受理、审查和公示后，作出是否准入的决定。决定准入的，工业和信息化部应当按规定将智能网联汽车产品及其准入有效期、实施区域等限制性措施予以公告。

第三十四条　准入退出规则

自动驾驶汽车发生严重道路交通安全违法行为和重大交通事故涉嫌安全隐患的，相关自动驾驶汽车生产企业或自动驾驶经营主体未按要求履行产品质量、网络安全、数据安全等法定义务的，擅自超出许可范围开展驾驶活动的，应当暂停准入许可并整改。

经整改无法消除安全隐患、履行法定义务、合规开展驾驶活动的，应当吊销准入许可。

第三十五条　产品目录管理制度

自动驾驶汽车产品生产者应先行提出申请，工业和信息化部门审查后将符合标准的自动驾驶汽车产品列入相关产品目录，并向社会公布。

未列入国家汽车产品目录的自动驾驶汽车产品，不得销售、登记。

列入国家汽车产品目录的自动驾驶汽车，经公安机关交通管理部门登记后，方可上道路行驶。但车辆车载设备运行安全相关数据未按规定接入政府监管平台的，不得上路行驶。

第三十六条　地方标准及适用

各省（市、自治区）可以组织制定本地自动驾驶汽车产品地方标准，并依法按相关程序规定发布。

自动驾驶汽车产品地方标准应当符合国家有关标准化的法律、法规、规定以及自动驾驶汽车技术的发展方向，并应当根据技术发展情况适时更新。同时，不得排斥不同技术发展路径，不得利用地方标准排除市场竞争。

地方标准的内容应当包括技术要求、试验方法、检验规则、安全要求等方面，其中安全要求应重点关注数据安全、网络安全、在线升级安全、驾驶辅助和自动驾驶安全等领域。

第三十七条　团体标准及适用

自动驾驶汽车相关行业协会可根据当前市场发展需要，在充分调研论证的基础上，组织制定具有引领性、创新性的本行业团体标准。

地方标准制定者可以参考团体标准制定规则，以促进本行业的发展和规范。

第七章　道路测试、示范应用和示范运营

第三十八条　道路测试、示范应用、示范运营概念

各级行政区域内自动驾驶汽车道路测试、示范应用、示范运营等道路测试与应用活动以及相关监督管理，适用本法。

本条例所称道路测试，是指测试主体在取得自动驾驶汽车驾驶道路测试资格后，以测试自动驾驶功能为目的，在公路、城市道路及特定区域范围内用于社会机动车辆通行的各类道路的指定路段进行的道路测试活动。

本条例所称示范应用，是指测试主体在取得自动驾驶汽车道路示范应用资格后，以试点、试行为目的，在公路、城市道路及特定区域范围内用于社会机动车通行的各类道路指定的路段进行的模拟载人、载物等测试活动。

本办法所称示范运营，是指测试主体在取得自动驾驶汽车道路示范运营资格后，在公路、城市道路以及特定区域范围内用于社会机动车辆通行的各类道路的指定路段，开展商业运营活动。

第三十九条　活动的开展、中止与终止

交通运输主管部门应联合公安交管、工信等部门，根据本法和

国家有关规定，制定道路测试、示范应用和示范运营的具体办法，并组织实施。

开展自动驾驶汽车道路测试、示范应用和示范运营活动的，应满足具体办法相关要求。未经开展道路测试和示范应用活动并取得相应牌照资质的，不得开展示范运营活动。

道路测试、示范应用和示范运营主体应当在取得公安交管部门核发的专门行驶车号牌后，开展相关活动。

道路测试、示范应用和示范运营活动开展中发生交通事故造成人员伤亡的，应当中止相应主体的活动开展资格。公安交管部门应对事故原因进行调查，相关活动主体应对安全隐患进行整改。经第三方审核评估，整改到位的，可以恢复道路测试、示范应用和示范运营。

拒不整改，或经整改无法消除安全隐患的，终止相关主体道路测试、示范应用、示范运营活动开展资格。

第四十条　路段、区域、时段划定与公告

相关主管部门应当选择具备支撑自动驾驶及网联功能实现的适当路段、区域、时段，供自动驾驶汽车开展道路测试、示范应用和示范运营使用。相关道路应无明显的道路交通安全隐患，符合国家技术规范要求，实现监控全覆盖。

开展自动驾驶汽车道路测试、示范应用和示范运营期间，交通管理部门应发布相应公告，包括道路测试主体、机动车号牌、道路测试时间、道路测试路段和区域、道路测试项目等基本信息。公告事项发生变更的，应当重新发布。

第四十一条　风险告知与安全义务

在示范应用和示范运营过程中，责任主体应提前向相关人员书面告知所涉风险，并采取必要安全措施。

第四十二条　运输经营活动安全

自动驾驶运输经营者应履行安全生产主体责任，建立健全各项安全生产管理制度及运输安全保障机制。

第四十三条　运输车辆动态监控

自动驾驶汽车运营地交通运输主管部门应加强自动驾驶汽车动态监控，对车辆运行区域、运行线路、运行状况等进行监控管理，及时提醒、纠正和处理违法违规行为。

提供自动驾驶运输服务的企业应当建立健全并严格落实动态监控管理相关制度。

第四十四条　行政区全域开放制度

各设区市人民政府可以选择车路协同基础设施较为完善的行政区全域开放道路测试、示范应用和示范运营。

在全域开放的行政区开展道路测试、示范应用和示范运营的具体办法由所在区（县）人民政府另行制定，报设区市人民政府批准后公布实施。

第八章　算法管理

第四十五条　自动驾驶算法管理原则与禁止算法歧视

自动驾驶算法服务应当遵守法律法规，尊重社会公德和伦理，遵守商业道德和职业道德，遵循公正公平、公开透明、科学合理和诚实信用的原则。

自动驾驶算法应始终以保护人的生命安全为最高优先事项，禁止任何形式的算法歧视。在损害发生无法避免时，不得对其他交通参与者进行不合理的差别对待。

第四十六条　自动驾驶算法伦理审查

主管部门应加强对自动驾驶汽车的算法伦理审查监管与安全风险研判。支持自动驾驶汽车企业和行业建立算法伦理自律监管体系，支持自动驾驶汽车行业协会设立算法伦理专门（审查）委员会，制定算法伦理行业自律公约、伦理设计与嵌入标准等。构建自动驾驶汽车全生命周期算法歧视等伦理安全风险应对体系，提升自动驾驶算法的公平性、安全性、透明性与可解释性等。

第四十七条　自动驾驶算法解释

乘客、驾驶员、车辆所有者及主管部门有权要求自动驾驶汽车生产者或自动驾驶系统运营者对自动驾驶算法的自动化决策进行解释。

自动驾驶汽车生产者或自动驾驶系统运营者就自动驾驶算法的自动化决策做出解释时既可以以人工解释形式做出，也可以提供机器解释。解释既可以在决策前被请求，也可以在决策后被请求，但解释必须相对通俗，易于理解。

主管部门可要求自动驾驶汽车生产者或自动驾驶系统运营者就自动驾驶算法做出系统解释，包括自动决策系统的逻辑、意义、预期后果和一般功能等。

第四十八条　自动驾驶算法备案

自动驾驶汽车制造企业或相关算法生产企业应当在提供算法服务之日起十个工作日内向主管机关进行算法备案，包括备案主体、产品功能、算法等信息，履行备案手续，未经备案不得投入使用。备案信息发生变更的，应当在变更之日起十个工作日内办理变更手续。终止算法服务的，应当在终止服务之日起二十个工作日内办理注销备案手续，并作出妥善安排。

第四十九条　自动驾驶算法检查

网信部门应会同公安、市监等部门定期对提供自动驾驶算法服务的企业开展算法检查工作，重点检查企业的算法安全能力与安全情况，督促企业及时进行算法备案，对检查发现的问题应及时向企业反馈并督促限期整改。参与监管的相关机构和人员对在履行职责中知悉的个人隐私、个人信息和商业秘密应当依法予以保密，不得泄露或者非法向他人提供。

第九章　数据开放和利用

第五十条　数据开放

本法所称数据开放是指行政机关依职权或依申请向社会开放各类依职权获取的自动驾驶政务数据的行为。自动驾驶政务数据以开放为原则，但涉及国家安全、商业秘密及个人隐私的除外。

大数据管理部门负责建立自动驾驶数据收集与开放平台，统一汇总各行政机关保存的自动驾驶数据，统一对外开放，打破数据壁垒。

第五十一条　开放计划

大数据管理部门应及时制定并公布年度数据开放计划，根据数据敏感类型及数据用途，采取无条件开放及附条件开放等形式向社会开放。

针对无条件开放数据，单位及个人享有相关数据访问利用权。针对附条件开放数据，单位及个人经大数据管理部门审查符合所附条件时，享有相关数据访问利用权。

第五十二条　数据交易

国家鼓励建设可信、高效、标准的汽车数据交易平台，鼓励各数据交易所（中心）开发自动驾驶数据交易专区，鼓励市场主体依法开展自动驾驶数据交易活动。

有关部门应在充分征求意见、尊重市场规律的基础上推动建立自动驾驶数据要素的登记、交易、数据资产管理、数据资产入表等制度。

第五十三条　禁止交易

自动驾驶数据交易要符合相关法律法规要求，谨慎保护重要数据、核心数据和个人信息，密切关注国家安全和社会公共利益。存在以下情形的不得交易：

（一）危害国家安全、公共利益、侵害个人隐私的；

（二）未经合法权利人授权同意的；

（三）具有潜在伦理风险的；

（四）法律、法规规定禁止交易的其他情形。

第十章　网络安全和数据管理

第五十四条　入网认证制度

自动驾驶汽车及车路协同基础设施中涉及通信技术的设施设备应当按规定取得国家工信部门的入网认证，涉及人身、财产安全的设施设备应当按照国家相关强制性标准或者要求取得可靠性认证报告，并符合相关安全技术规范标准。

第五十五条　网络与数据安全审查认证

建立自动驾驶汽车网络安全等级保护、网络与数据安全审查及认证机制，未通过网络与数据安全审查及认证的自动驾驶汽车不得销售。

建立健全自动驾驶汽车网络与数据安全认证机制，明确智能网联汽车的网络与数据安全防护能力和要求。

第五十六条　必要数据记录

自动驾驶汽车应具备必要数据记录功能，并在发生事故或未发生事故但有导致事故发生风险时，进行必要数据记录。

必要数据包括车辆基本数据、车辆运行数据、车辆感知数据、系统决策数据、系统控制政策和驾驶员操作数据等其他有助于事故判定的基本数据。

第五十七条　网络与数据备案登记

国家应加强自动驾驶汽车网络与数据安全监管平台建设。自动驾驶汽车应接入相关平台监管。当安全事故发生时，监管部门有权访问自动驾驶汽车必要数据记录。

参与监管的相关机构和人员对在监管活动中知悉的个人信息、车辆配置参数、内部系统参数、自动驾驶算法参数等技术数据应当依法予以保密，不得泄露或者非法向他人提供。

第五十八条　数据处理要求

数据处理，包括数据的收集、存储、使用、加工、传输、提供、公开等。

数据处理活动应当合法、正当、具体、明确，与自动驾驶汽车的设计、生产、销售、使用、运维等直接相关，且不得损害国家安全、公共利益或者公民、组织合法权益。

利用互联网等信息网络开展自动驾驶汽车数据处理活动的，应当落实网络安全等级保护、数据安全保护等制度。

第五十九条　个人信息处理

自动驾驶汽车生产者、自动驾驶系统运营者可以在遵守国家《个人信息保护法》及相关行政法规的情况下，收集下列类型的个人信息：

（一）与车辆使用相关的个人信息；

（二）与车辆安全相关的个人信息；

（三）为改进车辆使用所必需收集的个人信息；

（四）为增强行车安全所必需收集的个人信息。

处理个人信息应当通过用户手册、车载显示面板、语音、汽车使用相关应用程序等显著方式告知个人，并取得个人明示同意。

因保证行车安全需要，无法征得个人同意采集到车外个人信息且向车外提供的，应当进行匿名化处理。

第六十条　网络和数据安全应急处置预案

自动驾驶汽车生产者、自动驾驶系统运营者应当依照国家相关规定，制定网络和数据安全应急处置预案，采取必要措施避免网络和数据安全事故。

在发生或者可能发生危害国家安全、公共安全、公民人身财产安全的网络和数据安全事故时，相关主体应当立即采取补救措施，如实记录事故日志，及时向有关部门报告事故相关情况。损害结果涉及个人的，还应向个人告知事故相关情况。

自动驾驶数据需跨境流动的，参照相关法律法规执行。

第十一章　交通违法和事故处理

第六十一条　适用情形

依法登记的自动驾驶汽车发生道路交通安全违法情形或者交通

事故的，适用本章规定。未经依法登记的自动驾驶汽车发生道路交通安全违法情形或者交通事故的，参照适用本章的有关规定。

本章未规定的，适用道路交通安全相关法律、法规的规定。

第六十二条　交通违法主体分级处理规则

有条件自动驾驶的自动驾驶汽车发生道路交通安全违法情形时，若驾驶员、随车安全员未尽合理注意义务，未及时响应系统请求接管车辆控制的，由公安机关交通管理部门依法对驾驶员、随车安全员进行处理。

高度自动驾驶的自动驾驶汽车发生道路交通安全违法情形时，若远程安全员未尽合理注意义务的，由公安机关交通管理部门依法对远程安全员进行处理。

完全自动驾驶的自动驾驶汽车发生道路交通安全违法情形时，由公安机关交通管理部门依法对自动驾驶汽车生产者或自动驾驶运输经营者进行处理。

第六十三条　交通违法数据上报

自动驾驶汽车发生交通事故的，驾驶员或安全员应当将事故过程信息上传至统一监管平台。

第六十四条　责任分级划分规则

有条件自动驾驶的自动驾驶汽车因驾驶员或随车安全员未尽安全义务，导致交通事故造成损害的，由驾驶员或随车安全员承担赔偿责任，但驾驶员或随车安全员为自动驾驶运输经营方员工的，由相关经营实体承担最终赔偿责任。

高度自动驾驶的自动驾驶汽车因远程安全员未尽安全义务，导致交通事故造成损害的，由远程安全员承担赔偿责任，但远程安全员为自动驾驶运输经营方员工的，由相关经营实体承担赔偿责任。

完全自动驾驶的自动驾驶汽车发生交通事故造成损害，或自动驾驶汽车因自动驾驶系统故障导致交通事故造成损害的，由自动驾驶系统运营者、自动驾驶汽车生产者、自动驾驶运输运营者等承担不真正连带赔偿责任。

因网络攻击或其他交通参与者、网络通信服务提供者、高精度地图服务提供者等第三方过错，导致交通事故造成损害的，由相应过错方承担赔偿责任。因自动驾驶系统故障，导致交通事故造成损害的，不由个人承担相关责任。

第六十五条　交通违法行为及事故责任的认定依据

自动驾驶汽车车载设备、路侧设备、监管平台等记录的车辆运行状态和周边环境的客观信息，经公安机关交通管理部门调查核实无误后，可以作为认定自动驾驶汽车交通违法行为和交通事故责任的重要依据。

第十二章　保险与社会保障

第六十六条　促进保险产品开发

鼓励保险机构开发适应自动驾驶汽车特点的保险产品，为自动驾驶汽车企业提供保险服务；鼓励自动驾驶汽车企业与保险公司合作，共同开发适应自动驾驶汽车特性的保险产品。

第六十七条　保险双轨制度

自动驾驶汽车生产者应为自动驾驶汽车投保产品责任险。在境内道路上行驶的自动驾驶汽车的所有人或者管理人，应当投保自动驾驶交通事故强制险。

第六十八条　补充商业保险制度

开展自动驾驶运输经营活动的，应投保一定责任限额的承运人责任险。搭乘自动驾驶运输交通工具的，可以投保一定责任限额的意外伤害险。

自动驾驶汽车所有人、管理人可以投保一定责任限额的其他交通事故责任商业保险或者向金融机构开立一定额度的交通事故赔偿保函。

鼓励保险机构开发适应自动驾驶汽车特点的保险产品，为自动驾驶汽车企业提供保险服务。鼓励自动驾驶汽车企业与保险公司合作，共同开发适应自动驾驶汽车特性的保险产品。

第六十九条　专项基金制度

自动驾驶汽车道路交通事故社会救助基金是指依法筹集，用于垫付自动驾驶汽车道路交通事故中受害人人身伤亡的丧葬费用、部分或者全部抢救费用的社会专项基金。

除政府财政资金外，自动驾驶汽车产品责任险及自动驾驶交通事故强制险中的百分之五应用以设立自动驾驶汽车道路交通事故社会救助基金。

自动驾驶汽车道路交通事故社会救助基金由财政部门组织管理，并由其向道路交通事故责任人追偿。

第七十条　新兴职业就业促进

人力资源和社会保障部应会同工业和信息化部、公安部、交通运输部等相关部门，建立与国家职业资格制度相衔接、与终身职业技能培训制度相适应，并与使用相结合、与待遇相匹配的自动驾驶汽车安全员人才职业技能等级制度。

各级人力资源和社会保障部门应为需要参加自动驾驶汽车安全员培训，并长期从事客运、货运等经营性交通运输服务的驾驶员提供必要支持。

提供自动驾驶运输服务的企业在招募安全员时，应在同等条件的情况下，优先考虑道路运输驾驶经验丰富，已通过相应职业技能及安全培训，取得相应证明的人员。

第七十一条　网约车从业人员失业保险制度

依托网络约车平台实现就业，但未与平台或机构等相关企业建立劳动关系的灵活就业人员可在办理就业登记后，自愿缴纳失业保险，符合法定失业条件的，参照《失业保险条例》享受失业保险待遇。

第七十二条　动态预警与再就业支持

人力资源和社会保障部应组建全国就业信息动态库，重点监测受自动驾驶汽车冲击较大的相关就业群体，定期发布失业状况预警。

对前款规定的失业人员，各级人力资源和社会保障部门应为其再就业提供就业信息、技能培训、交通补助等支持。

第七十三条　附条件基本收入保障制度

因受自动驾驶汽车直接影响而失业，且超过五年未再就业的客运、货运等经营性运输服务从业人员，可在经人力资源和社会保障部门审批后，每月领取长期失业基本生活保障金。

长期失业基本生活保障金不高于当地最低工资标准，具体金额标准由各省（市、区）人力资源和社会保障部门另行制定。

长期失业基本生活保障金发放年限一般不超过五年，对残疾人、怀孕期的妇女等生活存在严重困难的，经认定后可适度延长发放年限。

长期失业基本生活保障金发放年限内再就业的，自就业之日起终止长期失业基本生活保障金发放。

第七十四条　自动驾驶汽车运营所得附加税

开展自动驾驶汽车运输经营活动的企业，为自动驾驶汽车运营所得附加税纳税主体。

纳税主体在其应缴纳的企业所得税率基础上，增加 1% 附加税率。

第十三章　法律责任

第七十五条　违法生产销售质量不达标产品

违反本法第十九条、第二十条规定的，生产、销售质量不达标自动驾驶汽车的，按照《中华人民共和国产品质量法》相关规定处罚。

第七十六条　违反营销限制规定

自动驾驶汽车生产者、销售者违反本法第二十三条规定，采用虚假表述、混淆表述、偷换概念及其他足以使消费者对不同程度的自动驾驶功能或辅助功能产生混淆的方式进行营销的，参照《中华人民共和国广告法》第五十五条处罚。

第七十七条　违反安全生产制度、运输安全保障机制和应急处置机制

自动驾驶系统运营者、自动驾驶汽车产品生产者、销售者违反本法第二十六条的规定，未建立安全生产制度、运输安全保障机制和应急处置机制的，由有关部门依法责令限期改正；逾期未改正的，处以五万元以上五十万元以下罚款。

第七十八条　违法生产销售未入列产品

违反本法第三十五条的规定，销售未列入国家汽车产品目录的

自动驾驶汽车产品的，应立即停止销售相关产品，并处以违法所得利润一倍以上三倍以下罚款。

第七十九条　违反道路测试、示范应用和示范运营

违反本法第三十九条的规定，擅自开展道路测试、示范应用和示范运营的，由公安交管部门扣押用于道路测试或者示范应用的自动驾驶汽车，对道路测试、示范应用或示范运营主体处以十万元以上五十万元以下罚款。

第八十条　违法申请准入

自动驾驶汽车产品生产者隐瞒有关情况或者提供虚假材料办理产品准入的，行政机关不予受理或者不予准入，并给予警告、罚款等处罚；自处罚决定生效之日起一年内不再受理同一生产者提出的自动驾驶汽车产品准入申请。

第八十一条　违法取得准入

自动驾驶汽车产品生产者以欺骗、贿赂等不正当手段取得自动驾驶汽车产品准入的，由工业和信息化部门撤销产品准入，给予警告、罚款等处罚；自处罚决定生效之日起三年内不再受理同一生产者提出的自动驾驶汽车产品准入申请，构成犯罪的，依法追究刑事责任。

第八十二条　违反算法、网络数据安全规范

违反本法第八章至第十章中的算法、网络数据安全相关规定的，未依法履行相关义务的，按照相关法律法规规定处理。

第十四章　附则

第八十三条　实施时间

本法自　年　月　日起施行。

《自动驾驶汽车法（模范法）》条文释义

第一章　总则

第一条　立法目的

为统筹推进自动驾驶汽车高质量、可持续发展，规范自动驾驶技术应用，维护国家安全和公共利益，保护公民、法人和其他组织的合法权益，根据宪法，制定本法。

【解读】

（1）目的和任务。本条是关于自动驾驶汽车法的宗旨条款，确定了本法以"统筹推进自动驾驶汽车高质量、可持续发展"为目的，围绕包括网络数据安全、政治安全等在内的"国家安全"，包括道路交通安全、道路交通秩序、数据开放与利用等在内的"公共利益"，包括公民人身财产安全、个人信息安全、企业知识产权等在内的"公民、组织的合法权益"等三项任务，对自动驾驶汽车发展作出基本规定。

（2）可持续发展。本条借鉴了《深圳经济特区智能网联汽车管理条例》第一条，将绿色原则融入自动驾驶汽车法，在经济发展方面坚持可持续发展。党的二十大报告就"推动绿色发展，促进人与自然和谐共生"再次作了完整阐述。绿色原则入法既是当代世界各国法治文明的标志，也是建设更高水平的社会主义司法文明的根本要求，更是保障自动驾驶汽车高质量发展的现实需要。虽然自动驾驶能改变传统交通出行模式，有效提高驾驶效能、协同交通网络、降低能源消耗、减少碳排放。但是，智算中心建设、车载算力应用、车辆自身驱动都需要更多电力消耗，车载电池自身也存在诸多环境污染风险。自动驾驶汽车产业存在诸多隐性能耗与污染风险，必须明确可持续发展原则，使其真正有效助力碳减排、碳中和。

（3）政治安全。政治安全是国家安全的生命线，重要性毋庸置疑。智能网联汽车在应用过程中需要结合我国各地道路信息、测绘信息等，此类重要信息的获取、监管以及后期的维护等都需要从严把控，否则可能影响到政治稳定。结合我国实际，本法将"政治安全"作为一项隐性基本原则写入宗旨。

（4）自动驾驶。本法未采用智能网联汽车命名原因有二。一是为了适当保持法律开放性。本法作为统摄全国的专门性立法，应保持一定的技术开放性，不宜预设技术路线。智能网联只是多种自动驾驶技术路线中的一条，除车路协同外还存在单车智能、单感知和多感知智能，因此立法要为未来可能出现的新技术路线保留余地。二是为了鼓励技术创新。立法预设技术路线或对技术路线规定过于细致容易阻碍技术尝试和技术创新，不利于产业创新发展。

【相关法律规定】

[引用条文]

（一）《深圳经济特区智能网联汽车管理条例》第一条

为了规范智能网联汽车应用，保护人身安全，保护公民……促进智能网联汽车产业高质量、可持续发展……

（二）《中国上海自由贸易试验区临港新片区促进无驾驶人智能网联汽车创新应用实施细则（试行）》第一条

为进一步规范和促进临港新片区无驾驶人智能网联汽车创新应用活动，推动智能网联汽车技术革新和产业发展，保障道路交通安全……

第二条　基本原则

自动驾驶汽车产业发展及技术应用应当遵循创新驱动、开放共享、有序可控、安全可靠、绿色环保原则。

【解读】

（1）一条主线。基于"目的—原则—规则"的衍生逻辑，一部法律的基本原则由立法目的衍生而来。因此，《自动驾驶汽车法》的基本原则应从立法目的回归分析。

从立法的合目的性来看，应以推进自动驾驶汽车高质量发展为主线。一是因为推进自动驾驶汽车高质量发展符合智能汽车强国战略的政策导向。《智能汽车创新发展战略》提出要抢抓重大机遇，率先建成智能汽车强国。要实现这一战略目标，就必须以高质量发展为导向，以高质量、高效益为目标，不断完备制度保障，推动产业升级。二是因为推进自动驾驶汽车高质量发展符合现行立法实践的总体态势。《深圳经济特区智能网联汽车管理条例》和《苏州市智能车联网发展促进条例》均以"促进智能网联汽车产业高质量发展"为目的；《上海市智能网联汽车测试与应用管理办法》也以"促进智能网联汽车产业健康有序发展"为目的。可见，助力产业高质量发展是当前立法实践的总体需要。三是因为推进自动驾驶汽车高质量发展符合统筹"发展"与"安全"的辩证统一要求。忽视安全、忽视质效，一味追求量的发展不仅不利于自动驾驶汽车产业壮大，还会起到反作用。一味强调静态的安全，忽视动态的发展则会落入刻舟求剑的窘境，最终给产业发展戴上枷锁。

（2）两个核心。自动驾驶技术是重要新质生产力，而保障新质生产力发展，必须统筹好发展和安全两个大局。从发展与安全的关系来看，发展是安全的基础和目的，安全是发展的条件和保障。其中发展是安全的起点、导向与终点，安全是实现发展的必要条件。失去了发展的安全，就成了"无头苍蝇"，失去了安全的发展则成了"脱缰之马"。因此，《自动驾驶汽车法》的"基石原则"就是发展和安全。

此外，还需正确理解两个核心间的辩证关系。一是需明确发展的优位性。这要求基于安全所衍生出的派生原则、规则应以服务发展为基本导向，具体以是否阻碍产业高质量发展为基准，审慎考虑对产业高质量发展起阻碍作用的安全规范。明确不发展是最大的不安全。二是需要明确安全的动态性。发展是一个动态的过程，作为发展的保障，安全也是一个动态过程，具体以是否封闭僵化为标准，科学设计具体安全条款，尽量减少使用封闭式列举法，多采用概括式立法加开放式列举的形式，保障安全条款的动态性。三是需明确安全的底线性。安全是发展的"高压线"，这要求安全规则必须"长牙齿"，法律责任规范要以安全规则为标尺，明确法律后果，发挥保障作用。

（3）五大要点。围绕高质量发展这条主线，从发展与安全两大核心原则出发，可以从"发展"与"安全"两个维度，衍生出五大基本原则。"发展"维度应以新发展理念为指挥棒。具体来说，应抓住创新这个"牛鼻子"，将鼓励创新、促进产业的创新发展原则置于首位；其次，要重视区域协调发展，明确协调发展原则；再次，要注重低碳环保，确定绿色发展原则；复次，要防止地方保护，推动统一大市场形成，明确开放发展原则；最后，要坚持以人民为中心的发展思路，让发展成果惠及人民群众，确定共享发展原则。

"安全"维度方面，自动驾驶技术既面临传统交通安全问题，也面临车联网络安全、智算中心数据安全及个人信息安全等非传统安全挑战，此外，还面临着由非传统安全带来的交通事故、碳排放超标及环境污染等混合安全问题。因此，安全原则，是自动驾驶汽车立法原则的重要组成。此外，绿色环保原则具有"双维性"，既强调绿色发展，也强调环境保护。

综合"安全"和"发展"两个维度来看，《自动驾驶汽车法》的法律原则可归纳为创新驱动、开放共享、有序可控、安全可靠、绿色环保五大原则。

【相关法律规定】

[引用条文]

《上海市智能网联汽车测试与应用管理办法》第四条

智能网联汽车测试与应用活动应当遵循鼓励创新、审慎包容、安全有序、开放合作、绿色环保的原则。

[参考条文]

(一)《无锡市车联网发展促进条例》第三条

车联网发展促进应当坚持政府引导、市场主导、创新驱动、协同发展、包容审慎、安全有序原则。

(二)《深圳经济特区智能网联汽车管理条例》第四条

智能网联汽车管理应当遵循依法有序、严格监管、安全可控的原则……

第三条 自动驾驶汽车定义

自动驾驶汽车是指搭载符合国家相关标准驾驶自动化系统的，能够在其设计运行条件下持续执行全部动态驾驶任务的车辆。

【解读】

我国现行国家标准中，将《汽车驾驶自动化分级》中 L3 级以上分级界定为"自动驾驶"。该技术标准未预设自动驾驶技术路线，仅以能够执行驾驶自动化程度作为区分依据，具有技术开放性，同时严格划分了自动化等级及相应标准，具有可参考性。同时，考虑到国家立法应最大限度维持法律概念的统一，因此，以现有技术规范作为法律概念定义的渊源，有利于统一自动驾驶法律法规系统中的基础概念。

【相关法律规定】

[引用条文]

《汽车驾驶自动化分级》（GB/T 40429-2021）第 3.3.4 条

3 级驾驶自动化（有条件自动驾驶，conditionally automated driving）系统在其设计运行条件下持续地执行全部动态驾驶任务。

[参考条文]

（一）《上海市智能网联汽车测试与应用管理办法》第二条第一款

本办法所称的智能网联汽车，是指搭载先进的车载传感器……最终可替代人操作的新一代汽车。

（二）《柳州市智能网联汽车道路测试与示范应用管理实施细则》第三十五条第一款

智能网联汽车是指搭载先进的车载传感器……并最终可实现替代人来操作的新一代汽车。智能网联汽车通常也被称为智能汽车、自动驾驶汽车等。

（三）《重庆市智能网联汽车道路测试与应用管理试行办法》第二条第二款

……智能网联汽车，是指搭载先进的车载传感器……并最终可以实现替代人操作的新一代汽车……

第四条　自动驾驶分级

自动驾驶等级包括有条件自动驾驶、高度自动驾驶和完全自动驾驶。

有条件自动驾驶，是指自动驾驶系统能在其设计运行条件下持续地执行全部动态驾驶任务。

高度自动驾驶，是指自动驾驶系统能在其设计运行条件下持续地执行全部动态驾驶任务并自动执行最小风险策略。

完全自动驾驶，是指自动驾驶系统在任何可行驾驶条件下持续地执行全部动态驾驶任务并自动执行最小风险策略。

【解读】

当前国际上主流的自动驾驶分级以国际自动机工程师学会（SAE-Internatio-nal）制定的 SAE J3016 标准为准，将自动驾驶等级分为 L0~L5 级，共 6 个等级。2021 年 8 月 20 日，我国在参照相关国际标准的基础上制定了《汽车驾驶自动化分级》（GB/T 40429-2021）推荐性国家标准，同样将自动驾驶等级分为 6 级。结合国内相关法规规定，自动驾驶等级 L3、L4、L5 级分别对应有条件自动驾驶、高度自动驾驶和完全自动驾驶，因此，相关定义概念，可参照 SAE J3016 和 GB/T 40429-2021。

【相关法律规定】

［引用条文］

《深圳经济特区智能网联汽车管理条例》第三条第二款至第四款

有条件自动驾驶，是指自动驾驶系统可以在设计运行条件下完成动态驾驶任务，在自动驾驶系统提出动态驾驶任务接管请求时，驾驶人应当响应该请求并立即接管车辆。

高度自动驾驶，是指自动驾驶系统可以在设计运行条件下完成所有动态驾驶任务，在特定环境下自动驾驶系统提出动态驾驶任务接管请求时，驾驶人应当响应该请求并立即接管车辆。

完全自动驾驶，是指自动驾驶系统可以完成驾驶人能够完成的所有道路环境下的动态驾驶任务，不需要人工操作。

［参考条文］

《智能网联汽车道路测试管理规范（试行）》[1]第二十八条

……有条件自动驾驶是指系统完成所有驾驶操作，根据系统请求，驾驶人需要提供适当的干预；高度自动驾驶是指系统完成所有驾驶操作，特定环境下系统会向驾驶人提出响应请求，驾驶人可以对系统请求不进行响应；完全自动驾驶是指系统可以完成驾驶人能够完成的所有道路环境下的操作，不需要驾驶人介入。

---

〔1〕 此文件已失效。

第五条　自动驾驶汽车路权

自动驾驶汽车应当在交通管理部门划定的区域、路段行驶。

交通运输主管部门应会同公安、工信等部门，根据自动驾驶汽车智能化程度划定相应的准驾路段、区域，并在确保安全的前提下，逐步扩大路段、区域范围。支持条件成熟的地区在特定区域内实现全域开放，并最终实现全国范围内全域开放。

【解读】

本条旨在确认自动驾驶汽车的基本路权，并按照"分级分类"原则，为不同智能化水平的智能网联汽车划定不同的准驾路段、区域。同时，采取渐进原则，逐步扩大准驾路段与区域范围，最终实现特定区域全面开放。

【相关法律规定】

[引用条文]

《上海市智能网联汽车测试与应用管理办法》第三十五条第一款

市交通部门会同市公安、经济信息化等部门根据智能网联汽车测试与应用需要和道路基础条件，划定智能网联汽车测试与应用路段、区域，并逐步扩大路段、区域范围，支持特定区域全域开放，丰富测试与应用场景。

第六条　法律适用范围

我国范围内的自动驾驶汽车的研发制造、准入登记、使用管理、相关基础设施建设、相关算法研发与利用、网络数据活动、事故责任认定等优先适用本法。

【解读】

本条以自动驾驶汽车全生命周期流程和各关键技术领域分类为理论依据，参照《深圳经济特区智能网联汽车管理条例》制定，并在其基础上明确了与智能网联汽车密切相关的算法、网络和数据监管适用范围。

【相关法律规定】

[引用条文]

《深圳经济特区智能网联汽车管理条例》第二条

深圳经济特区范围内智能网联汽车的道路测试和示范应用、准入和登记、使用管理等相关活动适用本条例。

第二章　产业促进

第七条　鼓励创新研发

国家鼓励自动驾驶技术研究开发，支持企业、高校和其他科研机构加强产学研合作，加快技术攻关。对在车载芯片、自动驾驶算法、自动驾驶系统等关键技术领域取得重大原创性成果的个人、企业、高校和其他科研机构，给予相应奖励。

【解读】

（1）本条来源。本条中有关国家鼓励加强产学研合作的内容，是对《科学技术进步法》[1]第六条、第二十七条规定的总结，并

---

〔1〕　为行文方便，本书中涉及的我国法律法规均省略"中华人民共和国"字样。

将其具体到自动驾驶技术这一特定的科学领域。本条中有关对相关个人、企业、高校和其他科研机构给予资金性奖励或税费减免的内容，是对《科学技术进步法》第四十三条、第四十九条、第六十条中分别针对企业、研发机构、个人的资金及税务激励政策的总结。

（2）"关键技术领域"。本条所列举的车载芯片、自动驾驶算法、自动驾驶系统属关键技术领域，常见于相关国家政策中。例如，《国民经济和社会发展第十四个五年规划和2035年远景目标纲要》第十五章第一节提出"高端芯片、操作系统、人工智能关键算法、传感器"为需要聚焦的关键领域。《智能汽车创新发展战略》认为"推进车载高精度传感器、车规级芯片、智能操作系统、车载智能终端、智能计算平台等产品研发与产业化"可以增强智能汽车产业核心竞争力。"等"为兜底表述，除本法明确列举的三项关键技术领域外，还可参照其他相关法律法规中的定义。

（3）目的和任务。2020年，国家发展和改革委员会等部门发布了《智能汽车创新发展战略》，以"顺应新一轮科技革命和产业变革趋势，抓住产业智能化发展战略机遇，加快推进智能汽车创新发展"。《智能汽车创新发展战略》定义智能汽车为"通过搭载先进传感器等装置，运用人工智能等新技术，具有自动驾驶功能，逐步成为智能移动空间和应用终端的新一代汽车。智能汽车通常又称为智能网联汽车、自动驾驶汽车等"，认为"发展智能汽车对我国具有重要的战略意义"，并提出了直至2050年的智能汽车强国愿景。可见，与自动驾驶汽车产业相关的技术是国家从战略层面积极推进创新的科学技术。本条表明了本法与国家自动驾驶发展战略和科技发展策略的一致性。

【相关法律规定】

［引用条文］

（一）《科学技术进步法》第六条第一款

国家鼓励科学技术研究开发与高等教育、产业发展相结合，鼓励学科交叉融合和相互促进。

（二）《科学技术进步法》第二十七条

国家建立和完善科研攻关协调机制，围绕经济社会发展、国家安全重大需求和人民生命健康，加强重点领域项目、人才、基地、资金一体化配置，推动产学研紧密合作，推动关键核心技术自主可控。

［参考条文］

（一）《科学技术进步法》第四十三条

下列企业按照国家有关规定享受税收优惠：

（一）从事高新技术产品研究开发、生产的企业；

（二）科技型中小企业；

（三）投资初创科技型企业的创业投资企业；

（四）法律、行政法规规定的与科学技术进步有关的其他企业。

（二）《科学技术进步法》第四十九条第二款

从事基础研究、前沿技术研究、社会公益性技术研究的科学技术研究开发机构，可以利用财政性资金设立……

（三）《科学技术进步法》第六十条第一款

各级人民政府、企业事业单位和社会组织应当采取措施，完善体现知识、技术等创新要素价值的收益分配机制，优化收入结构，建立工资稳定增长机制，提高科学技术人员的工资水平；对有突出贡献的科学技术人员给予优厚待遇和荣誉激励。

（四）《国民经济和社会发展第十四个五年规划和2035年远景目标纲要》第十五章第一节

聚焦高端芯片、操作系统、人工智能关键算法、传感器等关键领域。

（五）《智能汽车创新发展战略》第三条第二款

增强产业核心竞争力。推进车载高精度传感器、车规级芯片、智能操作系统、车载智能终端、智能计算平台等产品研发与产业化，建设智能汽车关键零部件产业集群。加快智能化系统推广应用，培育具有国际竞争力的智能汽车品牌。

（六）《智能汽车创新发展战略》第四条第二款

研究制定相关管理标准和规则，出台促进道路交通自动驾驶发展的政策，引导企业规范有序参与智能汽车发展。利用多种资金渠道，支持智能汽车基础共性关键技术研发和产业化、智能交通及智慧城市基础设施重大工程建设等。强化税收金融政策引导，对符合条件的企业按现行税收政策规定享受企业所得税税前加计扣除优惠，落实中小企业和初创企业的财税优惠政策。利用金融租赁等政策工具，重点扶持新业态、新模式发展。

第八条　促进成果转化

国家在尊重市场规律的基础上，鼓励搭建自动驾驶技术产、学、研合作平台，支持自动驾驶创新成果转化。

国务院和地方各级人民政府应当加强科技、财政、投资、税收、人才、产业、金融、政府采购、军民融合等政策协同，为自动驾驶科技成果转化创造良好环境。

【解读】

（1）本条来源。本条第一款为《科技进步法》第三十一条的总结，本条第二款直接引用了《促进科技成果转化法》第五条第一款的规定，在此基础上，将"成果转化"的主体细化到"自动驾驶"这一科技领域。

（2）目的和任务。本条旨在强调国家对于自动驾驶科技成果转化的支持，要求各产业、各级政府从各个方面提供协同和支持。

【相关法律规定】

［引用条文］

（一）《科学技术进步法》第三十一条

国家鼓励企业、科学技术研究开发机构、高等学校和其他组织建立优势互补、分工明确、成果共享、风险共担的合作机制，按照市场机制联合组建研究开发平台、技术创新联盟、创新联合体等，协同推进研究开发与科技成果转化，提高科技成果转移转化成效。

（二）《促进科技成果转化法》第五条第一款

国务院和地方各级人民政府应当加强科技、财政、投资、税收、人才、产业、金融、政府采购、军民融合等政策协同，为科技成果转化创造良好环境。

第九条　产业发展规划

国家应定期制定并及时更新自动驾驶汽车创新发展长期战略与中长期发展规划，明确产业发展目标。

【解读】

（1）本条来源。我国有以五年为单位、对关键行业制定发展战略的惯例，以把握新一轮科技革命和产业变革的方向。以《智能汽车创新发展战略》为例，其中提出 2020 年到 2025 年有关发展智能汽车技术、产业和法规等方面的战略，也提出 2035 年到 2050 年实现智能汽车强国的长期愿景。本条符合我国对于某个历史时期中的重点产业的战略规划习惯。

（2）目的和任务。本条旨在强调国家战略对于发展自动驾驶汽车产业的指导性作用。

【相关法律规定】

［参考条文］

《智能汽车创新发展战略》第二条第三款

战略愿景。到 2025 年，中国标准智能汽车的技术创新、产业生态、基础设施、法规标准、产品监管和网络安全体系基本形成。实现有条件自动驾驶的智能汽车达到规模化生产，实现高度自动驾驶的智能汽车在特定环境下市场化应用。智能交通系统和智慧城市相关设施建设取得积极进展，车用无线通信网络（LTE-V2X 等）实现区域覆盖，新一代车用无线通信网络（5G-V2X）在部分城市、高速公路逐步开展应用，高精度时空基准服务网络实现全覆盖。

展望 2035 到 2050 年，中国标准智能汽车体系全面建成、更加完善。安全、高效、绿色、文明的智能汽车强国愿景逐步实现，智能汽车充分满足人民日益增长的美好生活需要。

第十条 产业扶持政策

各级人民政府、各有关部门应依照本法、部门职责及地方发展实际做好本领域自动驾驶产业促进工作，并根据自动驾驶汽车产业发展实际，在政策补贴、金融服务、用地审批、税费减免、人才引育、基础设施建设、专利技术审查等方面予以支持。

【解读】

（1）本条来源。在《科学技术进步法》规定的"政策补贴、税费减免"，以及《促进科技成果转化法》规定的"金融服务"等产业扶植政策的基础上，为各级政府提供了"用地审批、人才引育、基础设施建设、专利技术审查等"多元的政策选择，以使其更好地促进辖区内自动驾驶产业的发展。

（2）目的和任务。本条旨在为各级政府发展本领域的自动驾驶产业提供思路和目标，使其更灵活地发挥对产业的引领作用。

【相关法律规定】

[参考条文]

（一）《科学技术进步法》第四十三条

下列企业按照国家有关规定享受税收优惠：

（一）从事高新技术产品研究开发、生产的企业；

（二）科技型中小企业；

（三）投资初创科技型企业的创业投资企业；

（四）法律、行政法规规定的与科学技术进步有关的其他企业。

（二）《科学技术进步法》第四十九条第二款

从事基础研究、前沿技术研究、社会公益性技术研究的科学技术研究开发机构，可以利用财政性资金设立……

（三）《促进科技成果转化法》第三十五条

国家鼓励银行业金融机构在组织形式、管理机制、金融产品和服务等方面进行创新，鼓励开展知识产权质押贷款、股权质押贷款等贷款业务，为科技成果转化提供金融支持。

国家鼓励政策性金融机构采取措施，加大对科技成果转化的金融支持。

第十一条　知识产权保护

为加快自动驾驶技术知识产权确权保护，国家鼓励设置自动驾驶技术知识产权保护绿色通道，简化专利技术审查授权程序。

县级以上地方各级人民政府负责知识产权执法的部门应当采取积极措施，将自动驾驶相关知识产权保护纳入重点监管，依法查处侵犯相关知识产权的行为。

从事自动驾驶汽车研发生产的公民、法人和其他组织应当增强知识产权保护意识，提高运用、保护和管理自动驾驶汽车相关知识产权的能力。

【解读】

（1）本条来源。本条前两款贯彻了近几年发布的知识产权纲领性政策，例如，《知识产权助力产业创新发展行动方案（2023—2027年）》中有关鼓励对重点产业的知识产权专利审查开启"绿色通道"的政策，及《"十四五"国家知识产权保护和运用规划》中要求各级知识产权行政执法部门开展关键领域、重点环节、重点区域的行政执法专项行动的政策。另外，与知识产权行政执法相关的规定还见于《专利行政执法办法》，规定了国家知识产权局对有重大影响的专利侵权纠纷案件、假冒专利案件有权进行查处，同时，也有权根据实际情况委托市、县级别的人民政府对假冒专利行为进行查处。

（2）目的和任务。本条向自动驾驶产业的研发者传达了国家鼓励创新、保护创新的信号。旨在通过政府及研发者的共同努力，使知识产权侵权易发多发现象得到有效遏制，使关键核心技术领域高质量知识产权更多涌现。

【相关法律规定】

[参考条文]

（一）《知识产权助力产业创新发展行动方案（2023—2027年）》第三条第一款第一点

推进知识产权高质量布局。强化产业技术发展与知识产权的协同联动，围绕重点产业，加强产业信息和知识产权信息的挖掘、利用和深度融合，明确产业发展方向与路径。推动在重大工程前期制定高质量知识产权布局策略，做好专利和商业秘密、核心专利与外围专利的统筹布局。提高重点产业知识产权创造质量，引导各类创新主体培育布局一批产业竞争力强、市场效益突出的高价值专利。鼓励重点产业链龙头企业加强海外知识产权布局，将自主知识产权转化为技术标准（工业和信息化部牵头，知识产权局配合）。进一步畅通专利审查"绿色通道"，调整完善新领域新业态专利审查标准，提升高质量知识产权创造效率（知识产权局牵头，工业和信息化部配合）。

（二）《"十四五"国家知识产权保护和运用规划》第三条第六款

……提高知识产权行政保护效能。更好发挥全国打击侵犯知识产权和制售假冒伪劣商品工作领导小组作用，加强部门协同配合，开展关键领域、重点环节、重点区域行政执法专项行动，重点查处假冒专利、商标侵权、侵犯著作权、地理标志侵权假冒等违法行为。加大行政处罚力度，加强侵权纠纷行政裁决，有效遏制恶意侵权、重复侵权、群体侵权。完善专利、商标侵权判断标准。加强植物新品种保护体系建设。强化知识产权海关保护。加强特殊标志、官方标志、奥林匹克标志保护。加强知识产权行政执法和行政裁决队伍人员配备和能力建设，提升知识产权行政执法装备现代化、智能化水平，利用新技术手段畅通投诉举报渠道，提升打击侵权假冒行为的效率及精准度。依法规制知识产权滥用行为，不断完善防止知识产权滥用相关制度。（中央宣传部、农业农村部、文化和旅游部、海关总署、市场监管总局、国家林草局、国家知识产权局等按职责分工负责）

（三）《专利行政执法办法》第五条第一款

对有重大影响的专利侵权纠纷案件、假冒专利案件，国家知识产权局在必要时可以组织有关管理专利工作的部门处理、查处。

（四）《专利行政执法办法》第六条第一款

管理专利工作的部门可以依据本地实际，委托有实际处理能力的市、县级人民政府设立的专利管理部门查处假冒专利行为、调解专利纠纷。

（五）《智能汽车创新发展战略》第四条第五款

加强产业投资引导，鼓励社会资本重点投向智能汽车关键技术研发等领域，严禁以发展智能汽车为名，新建或扩大汽车整车生产能力。加大质量、安全、环保、反不正当竞争等监管执法力度，规范智能汽车市场秩序。加强知识产权保护，健全技术创新专利保护与标准化互动支撑机制。完善智能汽车领域信用规范，营造诚实守信市场环境。加强智能汽车科普宣传和舆论引导，提高社会认知度。

第十二条　促进社会认同

各级人民政府、宣传部门、科技部门应当广泛开展自动驾驶汽车相关知识的宣传及科普工作，引导人民群众正确认识自动驾驶技术，不断提高自动驾驶汽车社会接纳程度。

【解读】

（1）本条来源。本条展开并重述了《智能汽车创新发展战略》中有关提高智能汽车社会认知度的内容。

（2）目的和任务。本章节旨在鼓励各级政府部门通过宣传和科普来使人民群众接纳自动驾驶汽车，从而促进自动驾驶汽车产业的市场化发展。

【相关法律规定】

[参考条文]

《智能汽车创新发展战略》第四条第五款

加强产业投资引导，鼓励社会资本重点投向智能汽车关键技术研发等领域，严禁以发展智能汽车为名，新建或扩大汽车整车生产能力。加大质量、安全、环保、反不正当竞争等监管执法力度，规范智能汽车市场秩序。加强知识产权保护，健全技术创新专利保护与标准化互动支撑机制。完善智能汽车领域信用规范，营造诚实守信市场环境。加强智能汽车科普宣传和舆论引导，提高社会认知度。

第三章　基础设施建设

第十三条　公路升级改造

交通运输主管部门、城市管理部门在新建、改建国省普通干线、高速公路、城市道路时，应对道路的自动驾驶适驾性进行论证。应综合考虑自动驾驶产业发展现状及自动驾驶汽车运营现实需要，逐步对国省普通干线、高速公路、城市道路开展自动驾驶适驾改造。

应保障自动驾驶汽车适驾道路及其设施满足自动驾驶安全需要，保障公路路面标记清晰、道路设施完善、隔离设施无盲区、交叉口与平交道口视距良好、交通信号准确、道路宽度适中、道路坡度适中、道路照明充足、道路安全设施完善、道路排水设施良好等。

【解读】

（1）目的和任务。本条目的旨在促进对现有公路逐步进行自动驾驶适驾性改造，并对新建公路提出适驾性要求。FHWA（Federal High Way Administration，美国联邦公路局）于2021年3月发布的《自动驾驶对公路基础设施的影响》报告中指出，公路基础设施的完备性和适驾性对自动驾驶的安全性有着重要影响。例如，报告指出，考虑到计算机视觉与人类视觉的差异，部分材质的路旁路障可视性较差，需要增加反光标记。就目前国内实践而言，路面标线不清晰、不完整、眩光环境下不可见等因素已经导致多起自动驾驶事故。可见，自动驾驶对道路有着更高的适驾要求，《适应无人驾驶汽车的道路设计综述》一文也指出，"对道路设施进行改进和调整，有助于加快无人驾驶时代到来"。[1]

（2）适驾性要求。本条设施采用概括加列举的方式说明自动驾驶汽车行驶道路应具备的基本要求。目前，国内相关研究相对成熟，对各类标准也相对明确，例如，2023年9月，交通运输部出台了《公路工程设施支持自动驾驶技术指南》，对公路设施升级改造、支持自动驾驶提出了具体技术标准。技术发展具有动态性，随着自动驾驶技术的发展，也会对道路设施提出新的需要，因此，本条列举部分应做"等外等"理解，包括但不限于上述基本要求。

---

〔1〕 徐进等：《适应无人驾驶汽车的道路设施设计综述》，载《西南交通大学学报》2023年第6期。

第十四条　特有交通信号

自动驾驶汽车通行路段可以设置独立供电的特有交通信号设备，便于通常交通信号失灵时，自动驾驶汽车得以按相关交通信号指示通行。

【解读】

（1）本条来源。本条引用了《深圳经济特区智能网联汽车管理条例》第四十一条的相关规定。

（2）目的和任务。本条旨在明确设置特有交通信号的必要性、相关主管部门及其义务。

（3）特有交通信号设置的必要性。尽管自动驾驶汽车是未来交通出行的流行趋势，但是，这一过程必然是漫长的，考虑到我国非自动驾驶车辆保有体量，可以预见我国交通将长期处于自动与非自动混行的状态。由于非自动驾驶汽车无法与其他车辆、路侧设备、车路协同系统建立联系，交互信息，因此传统的统一红绿灯交通信号无法对二者同时做到精准协调控制，有必要在混行状态下为其中一方配置特有交通信号。考虑到当前红绿灯信号装置已经十分普及并且与传统车辆能很好匹配，再为其更换交通信号装置经济社会成本较高，故而宜为自动驾驶汽车配置特有交通信号。

【相关法律规定】

［引用条文］

《深圳经济特区智能网联汽车管理条例》第四十一条

市交通运输部门、市公安机关交通管理部门可以在智能网联汽车通行路段设置特有的交通信号，智能网联汽车上道路行驶应当按相关交通信号的指示通行。

第十五条　车路协同基础设施定义

车路协同基础设施是指安装在路侧，用于感知和监控道路交通状况，并与车辆进行信息交互和协同控制的相关基础设施。

【解读】

（1）本条来源。本条引用了《深圳经济特区智能网联汽车管理条例》第三条中关于车路协同基础设施的定义，但在此基础上增加了车辆与网络之间和车与行人之间两个要素，因为车路协同是车与车（V2V）、车与网络（V2N）、车与路侧（V2I）、车与行人（V2P）四要素之间的协同，不仅仅是车辆间及车与道路之间的协同。

（2）目的和任务。本条旨在明确并完善现有法律法规对车路协同基础设施的相关定义。

（3）车路协同基础设施。车路协同基础设施是指采用数字信息技术进行实时人车、车车、车路信息交互，实现人、车、路的有效协同运作的相关基础设施，主要包括车路协同系统、云控制平台、路侧单元与设备、相关网络与计算设备、车载单元与设备等。

【相关法律规定】

［引用条文］

《深圳经济特区智能网联汽车管理条例》第三条第五款

本条例所称车路协同基础设施，是指通过车与路、车与车的无线信息交互共享，实现车辆与道路基础设施之间、车辆与车辆之间协同控制的相关基础设施。

[参考条文]

（一）《车路协同信息交互技术要求第 1 部分：路侧设施与云控平台》（T/ITS 0180.1—2021）第 3.1 条

采用无线通信和互联网技术，全方位实施车车、车路信息实时交互，并在全时空动态交通信息采集与融合的基础上开展车辆主动安全控制和道路协同管理，实现人、车、路的有效协同，从而形成安全、高效和环保的道路交通系统。

（二）《基于车路协同的高等级自动驾驶数据交互内容》（YD/T 3978—2021）第 3.1.1 条

合作式智能运输系统是通过人、车、路信息交互，实现车辆和基础设施之间、车辆与车辆之间、车辆与人之间的智能协同与配合的一种智能运输系统体系。

第十六条　车路协同基础设施建设

各设区市人民政府应结合本辖区自动驾驶汽车通行需求，统筹规划并配套建设路侧设备、感知设施、网络设施、云计算单元等智能车路协同基础设施，并定期更新维护。

自动驾驶汽车相关企业需开展道路测试、示范应用和示范运营的，可以经审批后在公用基础设施上搭建车路协同基础设施。相关主管部门对规划合理、技术安全达标的相关项目应当予以支持。

【解读】

（1）本条来源。本条引用了《深圳经济特区智能网联汽车管理条例》第四十条的相关规定。

（2）目的和任务。本条旨在明确设区市人民政府对本辖区内车路协同基础设施改造建设负有统筹规划和配套建设义务，同时明确道路交通管理和市政管理部门对其管理的公用基础设施改造建设负有主体责任。同时，为了优化营商环境，简化审批流程，相关审批受理应由行政审批部门统筹。此外，相较于《深圳经济特区智能网联汽车管理条例》第四十条第二款，本条对项目审批增设了限定事项，项目必须符合统筹规划，相关技术必须安全达标，具体标准参照本章最后一条。

（3）路侧设备、感知设施、网络设施、云计算单元。

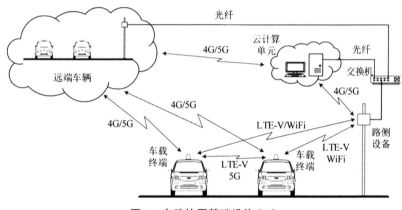

图2　车路协同基础设施[1]

【相关法律规定】

[引用条文]

《深圳经济特区智能网联汽车管理条例》第四十条第一款

市、区人民政府可以结合智能网联汽车通行需要，统筹规划、

---

[1]　张毅等：《智能车路协同系统关键技术与应用》，载《交通运输系统工程与信息》2021年第5期。

配套建设智能网联汽车通用的通信设施、感知设施、计算设施等车路协同基础设施。

第十七条　高精地图绘制

国家鼓励具有相应测绘资质的单位开展高精度地图绘制。不具备相应测绘资质的组织、个人不得从事高精度地图绘制，不得开展测绘地理数据处理活动。

相关数据传输应使用符合国家安全要求和标准的加密措施进行加密，并采用具有安全保护措施的网络通道进行传输。

【解读】

（1）本条来源。该条上位法渊源为《测绘法》，直接法律来源为《互联网信息服务管理办法》《自然资源部关于促进智能网联汽车发展维护测绘地理信息安全的通知》。参考规定为《北京市智能网联汽车高精度地图试点工作指导意见》。

（2）目的和任务。本条旨在规范自动驾驶汽车高精度地图使用和地理信息测绘活动。

（3）城市地图与地理信息收集禁限制规定。当前自动驾驶汽车普遍安装或集成了卫星导航定位接收模块、惯性测量单元、摄像头、激光雷达等传感器，其在道路行驶期间收集和处理城市道路、周边与地理信息的行为应当属于《测绘法》规定的测绘活动。考虑到首都城市道路、城市规划与地理测绘信息的政治安全敏感性，应对此类活动作严格限制规定，禁止无资质主体参与相关活动。

【相关法律规定】

[引用条文]

（一）《自然资源部关于促进智能网联汽车发展维护测绘地理信息安全的通知》第一条

智能网联汽车……测绘地理信息数据……的行为，属于《中华人民共和国测绘法》规定的测绘活动，应当依照测绘法律法规政策进行规范和管理……

（二）《自然资源部关于促进智能网联汽车发展维护测绘地理信息安全的通知》第三条

……属于内资企业的，应依法取得相应测绘资质，或委托具有相应测绘资质的单位开展相应测绘活动；属于外商投资企业的，应委托具有相应测绘资质的单位开展相应测绘活动……

[参考条文]

《北京市智能网联汽车高精度地图试点工作指导意见》第四条

涉及智能网联汽车高精度地图的各试点单位，采集的地理信息数据，应采用依法认定的保密技术进行处理……

第十八条　统一平台建设

工业和信息化部门应当统筹各监管部门，整合优化现有设施和数据资源，建设自动驾驶汽车统一监管平台，实现人车路云一体化监管，保障交通、网络、数据、隐私等安全。

【解读】

（1）本条来源。本条以《深圳经济特区智能网联汽车管理条例》的对应条款为基础，增加《智能汽车创新发展战略》"充分利用现有设施和数据资源"的表述，表达应当整合已有资源建设平台，杜绝设施和资源浪费的要求。

（2）目的和任务。本条明确了监管目的为"保障交通安全、网络安全、数据安全"，方式为建立"统一监管平台，实现人车路云一体化监管"。自动驾驶汽车作为一个复合型的新兴产业，其健康运作需要统筹多个监管部门进行监管。本条的表述也引出了下一条有关各监管部门分工的内容。

（3）统一监管平台。统一监管平台是云控基础平台的一种表现形式，为政府单方面对自动驾驶汽车系统的各方面进行监管、把控各类安全风险的平台。

（4）人车路云。根据《智能汽车创新发展战略》中的名词解释，人车路云是指车辆与行人等其他交通参与者、车辆与车辆、车辆与道路基础设施、车辆与云服务平台的协同系统。以此替代《深圳经济特区智能网联汽车管理条例》中的"车路云"，表述更加全面。

【相关法律规定】

[引用条文]

《深圳经济特区智能网联汽车管理条例》第七条

市人民政府应当统筹建设智能网联汽车政府监管平台，实现车路云一体化监管，保障交通安全、网络安全、数据安全。

[参考条文]

《"十四五"现代综合交通运输体系发展规划》第七章第一节

……整合优化综合交通运输信息平台。完善综合交通运输信息平台监管服务功能，推动在具备条件地区建设自动驾驶监管平台……

第四章　产品质量

第十九条　产品质量一般要求

根据《中华人民共和国产品质量法》有关规定，结合自动驾驶汽车自身特点，其产品质量应当符合下列要求：

（一）自动驾驶系统应视为产品，并符合相应的国家标准，不存在制造、设计、警示等缺陷，不具有危及人身、财产安全的不合理危险；

（二）自动驾驶汽车应符合相应的国家标准，不存在制造、设计、警示等缺陷，不具有危及人身、财产安全的不合理危险；

（三）具备产品应当具备的使用性能，但对产品存在使用性能的瑕疵作出说明的除外；

（四）符合在产品或者其包装上注明采用的产品标准，符合以产品说明、实物样品等方式表明的质量状况。

【解读】

（1）自动驾驶系统视为产品。自动驾驶系统能否视为《产品质量法》中的产品在学界存在较大争议，其似乎无法基于"缺陷理论"而被解释为产品。但是，自动驾驶汽车系统取代了驾驶者，成为自动驾驶的核心所在，与事故发生往往具有直接因果关系，且其可经由解释纳入"商业软件"的范畴，基于保护普通消费者人身安全权益的需要，可以将"商业软件"作为产品对待。[1]因此，自动驾

───────

〔1〕王乐兵：《自动驾驶汽车的缺陷及其产品责任》，载《清华法学》2020年第2期。

驶汽车的自动驾驶系统应当符合《产品质量法》的基本要求，并且严格禁售存在人体健康和人身、财产安全隐患的自动驾驶汽车产品。

（2）"不符合国家、行业标准"和"不合理危险"的二元标准改造。

【相关法律规定】

［引用条文］

《产品质量法》第二十六条第二款

产品质量应当符合下列要求：

（一）不存在危及人身、财产安全的不合理的危险，有保障人体健康和人身、财产安全的国家标准、行业标准的，应当符合该标准；

（二）具备产品应当具备的使用性能，但是，对产品存在使用性能的瑕疵作出说明的除外；

（三）符合在产品或者其包装上注明采用的产品标准，符合以产品说明、实物样品等方式表明的质量状况。

第二十条　产品质量特殊要求

自动驾驶汽车车身应具备统一、醒目的自动驾驶标识，以提醒周边车辆、行人注意。

除具备完全自动驾驶等级以外的自动驾驶汽车内部应当设置符合相关国家标准的警示装置，在不适合自动驾驶或者有其他影响交通安全的情况下，以显著方式提醒驾驶员切换手动操作，并为驾驶员接管车辆控制预留足够反应时间。

自动驾驶汽车产品生产者应当为车辆配置自动驾驶模式外部指示灯，自动驾驶汽车在自动驾驶模式下行驶时应当开启外部指示灯，向道路上的其他车辆和行人发出明显的安全提示。

自动驾驶汽车车载设备应当具备记录和存储功能，并确保相关数据存储期限不少于一年。

【解读】

（1）自动驾驶模式外部指示灯。自动驾驶汽车的危险防范义务包括告知义务、警示义务、防范义务等。警示义务、防范义务属于事先防范义务，是自动驾驶汽车的生产者基于危险控制理论而应履行的义务。从本条的目的来看，对自动驾驶汽车生产者的危险防范义务进行严格规定，有利于规范自动驾驶、保障车辆和行人的安全。

（2）数字弱势群体保护。自动驾驶汽车产业在追求利益的同时也应对数字弱势群体给予一定关注，在自动驾驶技术应用上为其留下"无障碍通道"，让自动驾驶技术真正惠及全民，促进智能公平和数字正义。

【相关法律规定】

［引用条文］

《深圳经济特区智能网联汽车管理条例》第三十六条第一款

智能网联汽车产品生产者应当为车辆配置自动驾驶模式外部指示灯，智能网联汽车在自动驾驶模式下行驶时应当开启外部指示灯，向道路上的其他车辆和行人发出明显的安全提示。

《深圳经济特区智能网联汽车管理条例》第三十七条

智能网联汽车车载设备应当记录和存储车辆发生事故或者故障前至少九十秒的位置、运行状态、驾驶模式、车内外监控视频等数据，并保持数据的连续性和完整性。

前款规定的数据存储期不得少于三十日。

[参考条文]

（一）《柳州市智能网联汽车道路测试与示范应用管理实施细则》第二十二条

道路测试或示范应用车辆车身应以统一、醒目的颜色标示"自动驾驶测试"或"自动驾驶示范应用"字样，提醒周边车辆、行人注意，但不得对周边的正常道路交通活动产生干扰。

（二）《自动驾驶汽车运输安全服务指南（试行）》第七条第五款

自动驾驶汽车应在车身以醒目图案、文字或颜色标识，明确向其他交通参与者告知其自动驾驶身份……

第二十一条　产品质量管理

自动驾驶系统运营者、自动驾驶汽车生产者、销售者应当建立健全并严格执行内部产品质量管理制度。

自动驾驶系统运营者、自动驾驶汽车生产者应建立健全自动驾驶系统及软件更新与维护制度，定期更新系统，修补漏洞并提高自动驾驶系统的安全性和稳定性，并及时公开系统更新信息。

国家鼓励自动驾驶汽车相关企业提升产品品质，对产品质量达到国际先进水平、成绩显著的单位和个人，给予相应奖励。

【解读】

如前述，本条来源于《产品质量法》第三条确定的产品质量管理要求和第六条确定的质量先进奖励规则。

【相关法律规定】

[引用条文]

（一）《产品质量法》第三条

生产者、销售者应当建立健全内部产品质量管理制度，严格实施岗位质量规范、质量责任以及相应的考核办法。

（二）《产品质量法》第六条

国家鼓励推行科学的质量管理方法，采用先进的科学技术，鼓励企业产品质量达到并且超过行业标准、国家标准和国际标准。

对产品质量管理先进和产品质量达到国际先进水平、成绩显著的单位和个人，给予奖励。

第二十二条　产品质量责任

自动驾驶汽车产品存在缺陷造成他人损害的，生产者应当承担侵权责任。被侵权人可以向自动驾驶汽车的生产者请求赔偿，也可以向自动驾驶汽车产品的销售者请求赔偿。

自动驾驶汽车产品的缺陷由生产者造成的，销售者赔偿后，有权向生产者追偿。因销售者的过错使自动驾驶汽车产品存在缺陷的，生产者赔偿后，有权向销售者追偿。

【解读】

（1）产品质量责任的一般规定。自动驾驶汽车作为一种特殊的产品，应当坚守生产者的无过错责任，只要产品存在缺陷，生产者就应承担侵权责任。但若产品缺陷是由销售者、其他第三人造成的，则生产者可以再向销售者、其他第三人追偿。无过错责任的理论来源在于风险开启理论、风险控制与分散理论以及报偿理论。

（2）自动驾驶汽车生产者的范围。自动驾驶车企生产线优化，可能导致控制权转移，进而影响生产责任的承担主体变化。汽车功能配置件从原本的一个供应商提供硬件+操作系统+软件应用，到逐步解耦的阶段。后续供应商只负责提供硬件，操作系统由车企自己找软件公司开发或是购买成熟商业软件，最关键的是软件以后由车企100%自行掌控，方便进行OTA升级。根据《民法典》第一千二百零二条、第一千二百零三条的规定，按照传统模式，操作系统、软件供应等提供商属于生产者地位，车企属于生产者或销售者地位，二者皆为产品责任的承担主体。而新产业模式下供应商只提供硬件，可能不具有生产者地位，不承担产品责任。

（3）自动驾驶汽车的缺陷参照标准。本条借鉴《上海市浦东新区促进无驾驶人智能网联汽车创新应用规定》第二十九条中规定的可以认定智能网联汽车交通事故责任的依据。

【相关法律规定】

［引用条文］

《民法典》第一千二百零二条

因产品存在缺陷造成他人损害的，生产者应当承担侵权责任。

第二十三条　虚假营销限制

自动驾驶汽车生产者、销售者应在营销活动中规范使用关于自动驾驶的特定术语、表达方式及其他标志符号，不得采用虚假表述、混淆表述、偷换概念及其他足以使消费者对不同程度的自动驾驶功能或辅助功能产生混淆的方式进行营销。

【解读】

本条借鉴《英国自动驾驶汽车法案》第七十八条相关规定。《英国自动驾驶汽车法案》创造性地设置了营销限制规则，并专设一章对其进行规范。自动驾驶技术作为一项高精尖技术，普通消费者难以依赖自身知识、经验对其进行专业判断。因此，虚假、混淆营销极有可能导致消费者误认为车辆具有其期待的自动驾驶功能及等级，进而可能会带来严重的安全隐患。因此，有必要对自动驾驶汽车的营销方式进行规范，除销售经许可的自动驾驶汽车外，严禁使用虚假、混淆表达。这种限制不局限于具体的营销广告，还覆盖整个营销环节。

【相关法律规定】

［参考条文］

《英国自动驾驶汽车法案》第七十八条

（1）The Secretary of State may, by regulations, specify words, expressions, symbols or marks as appropriate for use in connection with road vehicles only if used in connection with authorised automated vehicles (whether generally or of a description given in the regulations).

（2）A person commits an offence if—

（a）the person uses, or causes or permits the use of, a restricted term in connection with the promotion or supply of a road vehicle,

（b）the person is acting in the course of business,

（c）the use of the restricted term is directed at an end-user or potential end-user of the vehicle,

（d）it is reasonable to anticipate that the use of the term will come to the attention of an end-user or potential end-user of the vehicle in Great Britain, and

(e) the vehicle is not an appropriate vehicle.

(3) A person commits an offence if—

(a) the person uses, or causes or permits the use of, a restricted term in connection with the promotion or supply of a product intended for use as equipment of a road vehicle,

(b) the person is acting in the course of business,

(c) the use of the restricted term is directed at an end-user or potential end-user of a road vehicle,

(d) it is reasonable to anticipate that the use of the term will come to the attention of an end-user or potential end-user of a road vehicle in Great Britain, and

(e) the restricted term is not used specifically in relation to the use of the product as equipment of an appropriate vehicle.

……

(1) 国务大臣可以根据法规，指定与车辆相关的适当的文字、表述、符号或标记。

(2) 一个人在以下情况下即构成违法——

(a) 该人使用、导致或允许使用与道路车辆的促销或供应有关的限制性术语，

(b) 该人是在业务过程中行事，

(c) 该限制性术语的使用是针对车辆的终端用户或潜在终端用户，

(d) 可以合理地预期该术语的使用将引起英国境内的车辆终端用户或潜在终端用户的注意，并且

(e) 该车辆不是适当的车辆。

（3）如有以下情况，即构成违法——

（a）该人在推广或供应拟用作道路车辆设备的产品时使用、导致或允许使用限制性术语，

（b）该人在业务过程中行事，

（c）该限制性术语的使用是针对车辆的终端用户或潜在终端用户，

（d）可以合理地预期该术语的使用将引起在英国境内的车辆终端用户或潜在终端用户的注意，并且

（e）该限制性术语并非专门针对将产品用作适当的车辆的设备而使用。

……

第二十四条　售后补救措施

自动驾驶汽车投入流通后发现存在缺陷的，生产者、销售者应当依法及时采取停止销售、警示、召回等补救措施。

明知自动驾驶汽车存在缺陷仍然生产、销售，或者未依据前款规定采取有效补救措施，造成他人死亡或者健康严重损害的，被侵权人有权请求相应的惩罚性赔偿。

【解读】

本条借鉴《民法典》第一千二百零六条和《上海市智能网联汽车测试与应用管理办法》第四十九条，自动驾驶汽车作为特殊的产品，一旦存在缺陷，将对使用者的个人安全乃至公共安全产生巨大威胁，因此明确生产者、销售者的补救责任至关重要。此外，根据《民法典》第一千二百零七条的规定，相关被侵权人有权提出惩罚性赔偿。

在明知存在缺陷而销售的情况下，即便缺陷是由自动驾驶系统

运营者导致的，但自动驾驶汽车生产者未尽产品质量安全审查义务，明知系统有缺陷而依然销售，则相关责任由车辆生产者承担。虽然自动驾驶汽车生产者更多承担的是整车组装的角色，不完全是软件及算法的提供者，但不能因此免除其相应的安全生产质量责任，其负有把好产品流向市场首道关的义务。

【相关法律规定】

［引用条文］

《上海市智能网联汽车测试与应用管理办法》第四十九条第一款

智能网联汽车产品存在缺陷的，生产者、销售者应当及时依法采取停止销售、警示、召回等补救措施。

［参考条文］

《民法典》第一千二百零六条第一款

产品投入流通后发现存在缺陷的……对扩大的损害也应当承担侵权责任。

第二十五条　产品质量责任风险抗辩

自动驾驶汽车产品因存在缺陷造成人身、缺陷产品以外的其他财产损害的，生产者应当承担赔偿责任。但是生产者能够证明有下列情形之一的，不承担赔偿责任：

（一）未将产品投入流通的；

（二）产品投入流通时，引起损害的缺陷尚不存在的；

（三）将产品投入流通时的科学技术尚不能发现缺陷存在的。

【解读】

排除理由。本条排除了《产品质量法》第四十一条规定的第三项风险抗辩事由，即使将产品投入流通时的科学技术水平尚不能发现缺陷的存在，自动驾驶汽车的生产者也不能因此免责。自动驾驶汽车侵权行为难以适用现有的风险抗辩的原因在于：

首先，从技术的前沿性来看，自动驾驶汽车本身就属于前沿科技产品，在自动驾驶汽车领域照搬一般产品的风险抗辩事由，可能会引发消费者的恐慌，从长远来看也不利于行业发展。

其次，自动驾驶汽车具有显著技术潜在风险，安全问题始终应当摆在首位，将第三项风险抗辩事由排除，表现了本条例严守安全原则的立场。

最后，在发生侵权纠纷时，消费者较之自动驾驶汽车的生产者往往处于弱势地位，排除自动驾驶汽车生产者将科学技术水平尚不能发现缺陷的存在用作一切行为的"免死金牌"，也有利于充分保护消费者的合法权益。

【相关法律规定】

［引用条文］

《产品质量法》第四十一条第一款

因产品存在缺陷造成人身、缺陷产品以外的其他财产损害的，生产者应当承担赔偿责任。

第二十六条　安全生产责任与安全保障义务

自动驾驶系统运营者、自动驾驶汽车生产者、销售者和自动驾驶运输经营者负有在各自职责范围内建立健全安全生产制度、运输安全保障机制和应急处置机制的义务。

开展经营活动的自动驾驶运输经营者要加强车辆运行状态信息管理，配合交通运输主管部门加强车辆动态监控，落实运输车辆及人员配备的法定要求。

【解读】

产业发展的同时也要兼顾安全，因此，无论是自动驾驶汽车的生产者、销售者还是经营者都负有相应的安全保障义务。交通运输部《自动驾驶汽车运输安全服务指南（试行）》对安全保障作出了具体规定，该条作为上位法，只作总揽性概括。

【相关法律规定】

[参考条文]

《自动驾驶汽车运输安全服务指南（试行）》第七条

七、安全保障

（一）安全生产制度……（二）运输安全保障……（三）运行状态信息管理……（四）车辆动态监控……（五）安全告知……（六）应急处置……

第二十七条　售后服务责任

自动驾驶系统运营者、自动驾驶汽车生产者、销售者应当对自动驾驶汽车的产品质量负责，并建立健全产品质量追溯机制和售后服务机制。

自动驾驶汽车生产者和销售者应建立健全投诉与反馈机制，及时受理有关产品质量、使用安全等方面的投诉，并及时处理、反馈。

在自动驾驶系统或车辆出现故障，并引发安全事故及其他危险情况时，自动驾驶系统运营者、自动驾驶汽车生产者、销售者和自动驾驶运输经营者应依据各自分工为救援活动开展提供相应技术支持，并配合调查，按要求提供车辆后台数据协助查明事故原因。

【解读】

本条参考《深圳经济特区智能网联汽车管理条例》第三十条，对自动驾驶汽车产品生产者、销售者的售后服务责任作了详细规定，要求建立完善产品质量安全追溯机制并健全自动驾驶汽车售后服务机制，立足消费者权益保护，保障其人身、财产安全。

【相关法律规定】

[引用条文]

《深圳经济特区智能网联汽车管理条例》第三十条

智能网联汽车产品生产者、销售者应当对其生产、销售的产品质量安全负责，建立完善产品质量安全追溯机制。

第五章 安全员

第二十八条 安全员分级要求

有条件自动驾驶的自动驾驶汽车，应当具有人工驾驶模式和相应装置，并配备驾驶员或随车安全员。

高度自动驾驶的自动驾驶汽车，可以不具有人工驾驶模式和相应装置，但应配备远程安全员。远程安全员人车比不得低于1∶3。

完全自动驾驶的自动驾驶汽车，可以不具有人工驾驶模式和相应装置，也可以不配备安全员。

【解读】

（1）本条来源。本条参考了《深圳经济特区智能网联汽车管理条例》和《自动驾驶汽车运输安全服务指南（试行）》有关有条件自动驾驶汽车的驾驶人制度。参考了《汽车驾驶自动化分级》对于三个级别自动驾驶汽车的划分，以及《智能网联汽车道路测试与示范应用管理规范（试行）》关于完全自动驾驶汽车的定义。并结合北京、武汉等地试点经验，调整了《深圳经济特区智能网联汽车管理条例（征求意见稿）》对高度自动汽车驾驶人的相关规定，并参考了《德国道路交通法》，扩展"安全员"的含义，为后续条款设计打下了基础；另外，取消了《深圳经济特区智能网联汽车管理条例》对完全自动汽车驾驶人行驶路段的限制。

（2）目的和任务。基于技术信赖的基本立法路线，本条取消了L4级以上自动驾驶汽车的"驾驶员"配备要求，并通过对"安全员"扩权的方式，赋予安全员借助高度或完全自动驾驶功能不亲自进行驾驶操作的权利，为自动驾驶技术在L4级别的使用予以法律准入。另外，本条取消了对完全自动驾驶汽车的道路限制，使其更符合《汽车驾驶自动化分级》的划分。这些改动的目的是令其与智能汽车分级制度更加匹配，更好地区分L3、L4和L5级别的智能汽车，也使L4和L5级别智能汽车的自由度达到更高，给未来L4和L5的技术发展提供应用的空间。

（3）高度自动驾驶与完全自动驾驶。《深圳经济特区智能网联汽车管理条例》和《自动驾驶汽车运输安全服务指南（试行）》对L3和L4技术级别的驾驶人作了相同的规定，并要求L5技术级别的自动驾驶汽车只能在规定区域、路段行驶。这些规定是比较保守的，尤其无法看出L4级别汽车的技术优势。根据《汽车驾驶自动化分级》的规定，L4系统可以在其设计运行条件下持续地执行全部动态驾驶任务并自动执行最小风险策略，可以不配备传统意义上的驾驶人，与 L3 系统存在本质区别；而 L5 系统则是在任何可行驶条件下都能持续地执行全部动态驾驶任务并自动执行最小风险策略，不应受到区域、路段的限制。可以理解《深圳经济特区智能网联汽车管理条例》是出于安全与谨慎的考虑，但仍建议本条与《汽车驾驶自动化分级》的标准一致。道路安全固然重要，但更好的方式是在分级审核时提高标准。

【相关法律规定】

[引用条文]

（一）《深圳经济特区智能网联汽车管理条例》第三十四条

有条件自动驾驶和高度自动驾驶……应当具有人工驾驶模式和相应装置，并配备驾驶人。

完全自动驾驶……可以不配备驾驶人……

（二）《智能网联汽车道路测试与示范应用管理规范（试行）》第三十七条第二款

……完全自动驾驶……不需要驾驶人/乘客介入。

[参考条文]

（一）《汽车驾驶自动化分级》（GB/T 40429-2021）第 3.3.4 条、第 3.3.5 条、第 3.3.6 条

3 级……在其设计运行条件下……执行……驾驶任务。

4 级……在其设计运行条件下……执行……驾驶任务并自动执行最小风险策略。

5 级……在任何可行驶条件下……执行……驾驶任务并自动执行最小风险策略。

（二）《德国道路交通法》第一a条第三款

驾驶人是指启动高度或完全自动驾驶功能、利用其控制汽车驾驶的人，即使其在按规定使用该功能的时候不亲自驾驶车辆。

第二十九条 安全员注意义务

自动驾驶汽车安全员应当按照自动驾驶等级通过交通运输主管部门组织的自动驾驶职业技能及安全培训，取得相应证明，掌握并规范使用自动驾驶功能，具备自动驾驶车辆安全操控及紧急状态下应急处置能力。

在有条件自动驾驶模式下，安全员应当处于车辆驾驶座位上，监控车辆运行状态和周围环境，并随时准备接管车辆。

在高度自动驾驶模式下，安全员可以不处于车辆驾驶座位上，但应当监控车辆运行状态和周围环境，并及时响应车辆远程接管请求。

在完全自动驾驶模式下，可以不配备安全员，但从事客运、货运等经营性服务的应配备远程安全员，人车比不得低于1:3。远程安全员应当监控车辆运行状态和周围环境，并及时响应车辆远程接管请求。

【解读】

（1）本条来源。本条关于自动驾驶的职业技能及安全培训相关内容引用和参考了《自动驾驶汽车运输安全服务指南（试行）》和《北京市自动驾驶车辆道路测试管理实施细则（试行）》中的相关规定。关于有条件和完全自动驾驶智能网联车的内容参考了《深圳经济特区智能网联汽车管理条例》中的对应规定。在高度自动驾驶智能网联车的部分引用了《北京市自动驾驶车辆道路测试管理实施细则（试行）》，并参考了《汽车驾驶自动化分级》和《德国道路交通法》的相关规定，允许高度自动驾驶汽车的安全员在自动驾驶模式下行驶时，在车内其他座位上或者车外远程座位上监控、操控车辆。

（2）目的和任务。《深圳经济特区智能网联汽车管理条例》是要求高度自动驾驶的自动驾驶汽车的驾驶人应当处于车辆驾驶座位上的。但本条对此做了改动，延续上一条对安全员的定义，赋予高度自动驾驶汽车的安全员在自动驾驶模式下行驶时，可在车内驾驶座位上、车内其他座位上或者车外远程座位上启动和控制汽车的权利。这样的改动对自动驾驶技术的进步有积极意义。

【相关法律规定】

［引用条文］

（一）《北京市自动驾驶车辆道路测试管理实施细则（试行）》第十条

测试驾驶员应符合以下基本要求……经测试主体自动驾驶培训，熟悉自动驾驶测试规程，掌握自动驾驶测试操作方法，具备自动驾驶车辆安全操控及紧急状态下应急处置能力。

（二）《北京市自动驾驶车辆道路测试管理实施细则（试行）》第三十一条

无人化测试是指测试驾驶员根据测试车辆能力进行的，可在车内驾驶座位上、车内其他座位上或者车外远程测试座位上，监控、操控测试车辆，以开展自动驾驶系统科学试验为目的的道路测试。

［参考条文］

《德国道路交通法》第一b条第一款

车辆如受高度或完全自动驾驶功能控制，驾驶人有权将注意力从交通和车辆控制上转移，不亲自进行驾驶操作。

第三十条　安全员安全控制义务

在有条件自动驾驶模式下，或客运、货运等经营性活动中，当车辆发出接管请求或者处于不适合自动驾驶的状态时，安全员应当及时接管车辆。

在高度自动驾驶模式下，当车辆发出接管请求或者处于不适合自动驾驶的状态时，远程安全员应当及时响应车辆远程接管请求。

当远程安全员收到车辆发出的远程接管请求时，若自动驾驶汽车无重大交通安全事故风险，可由自动驾驶汽车自动执行最小风险策略。若存在重大交通事故风险，或系统无法继续独立完成驾驶任务或无法执行最小风险策略，远程安全员应当根据系统提示，及时接管车辆。

【解读】

（1）本条来源。本条关于有条件的内容参考了《深圳经济特区智能网联汽车管理条例》中的对应规定。有关高度自动驾驶的内容参考了《智能网联汽车道路测试与示范应用管理规范（试行）》《汽车驾驶自动化分级》和《德国自动驾驶法》的相关规定。

（2）目的和任务。《道路交通安全法（修订建议稿）》的相关规定主要针对 L3 技术级别，而《深圳经济特区智能网联汽车管理条例》的规定不符合《汽车驾驶自动化分级》关于 L4 自动驾驶技术级别的要求，为 L4 或安全员设定了过高的注意义务，本质上也是将 L4 当作 L3 进行制约，可见我国对于 L4 的立法是相对滞后的。本条的目的是赋予 L4 及以上自动驾驶技术级别以更高的自由度，相应地对 L4 及以上自动驾驶技术提出更高的要求，促进技术的发展。

（3）高度自动驾驶的自动驾驶汽车。《深圳经济特区智能网联汽车管理条例》的对应法条要求驾驶人监控车辆运行状态和周围环境，随时准备接管车辆。然而根据《汽车驾驶自动化分级》的规定，高度自动驾驶级别应当可以自动执行最小风险策略。在这种情况下，安全员的接管并非实现交通安全所必需，其未及时接管时，车辆可以进入最低风险状态。《智能网联汽车道路测试与示范应用管理规范（试行）》和《德国自动驾驶法》都有类似观点，即在L4级别及以上赋予安全员不接管控制的权利。如果在L4级别仍要求安全员全程保持警觉并随时准备接管车辆，会极大削弱L4级别的自动驾驶技术优势，因此，建议将环境监控的义务完全转移给车辆，取消警觉义务。

【相关法律规定】

[引用条文]

《深圳经济特区智能网联汽车管理条例》第三十五条第一款
智能网联汽车驾驶人应当按照道路通行规定和车辆使用说明书的要求，掌握并规范使用自动驾驶功能。

[参考条文]

（一）《道路交通安全法（修订建议稿）》第一百五十五条
……驾驶人应当处于车辆驾驶座位上，监控车辆运行状态及周围环境，随时准备接管车辆……

（二）《德国交通法自动驾驶修正案》第一e条第二款、第一f条第二款[1]
驾驶人负有风险时停用自动驾驶系统，做好车况和交通安全监

----

〔1〕 此条是编著者经归纳后得出的内容。

督注意义务。

第三十一条 车辆安全维护义务

自动驾驶汽车所有人、管理人应当对自动驾驶系统和其他涉及自动驾驶汽车安全的设施设备进行定期维护。

自动驾驶车所有人、管理人应当按照公安机关、交通运输主管部门的相关要求，根据车辆型号、用途、使用年限等不同情况，定期对车辆进行安全技术检验。

【解读】

（1）本条来源。本条直接引用了《深圳经济特区智能网联汽车管理条例》中的相关条款。

（2）目的和任务。本条旨在明确车辆所有人、管理人对所有车辆的维护与检验义务，确保车辆的行驶安全。

【相关法律规定】

［引用条文］

《深圳经济特区智能网联汽车管理条例》第三十八条

智能网联汽车所有人、管理人应当对自动驾驶系统和其他涉及智能网联汽车安全的设施设备进行定期维护。

智能网联汽车所有人、管理人应当按照市公安机关交通管理部门的相关要求，根据车辆型号、用途、使用年限等不同情况，定期对智能网联汽车进行安全技术检验。

第六章　准入和登记

第三十二条　严格准入登记制

自动驾驶汽车产品实行严格准入管理制度，自动驾驶汽车的生产应当符合国家或地方有关自动驾驶汽车的技术标准及安全规范。

自动驾驶汽车生产企业通过产品测试与安全评估后，方可启动产品准入申请。

【解读】

（1）本条来源。本条上位法渊源为《行政许可法》《道路交通安全法》《国务院对确需保留的行政审批项目设定行政许可的决定》等法律法规。该条的直接法律来源为《道路机动车辆生产企业及产品准入管理办法》《关于加强智能网联汽车生产企业及产品准入管理的意见》，其明确规定了自动驾驶汽车实行准入管理制度，并要求车辆满足当前技术标准。

（2）目的和任务。本条旨在明确我国自动驾驶汽车的准入制度，实行严格准入管理制度，并以国家或地方标准作为车辆准入标准，同时设置安全测评前置门槛，只有通过安全测评后才可以启动准入程序。

（3）严格准入管理制度。所谓严格准入管理制度即排除《道路机动车辆生产企业及产品准入管理办法》第二十四条确定的准入条件豁免空间，同时严格以国家或地方标准作为准入技术标准。该设计主要考虑到回应加强准入管理的政策需要，以及自动驾驶汽车作为高度智能化的驾驶工具，相较于传统汽车具有网络安全、数据安全、算法决策安全等多种新安全问题，应从严把好入口关，严禁不符合技术标准、未通过技术论证的车辆产品进入市场。同时考虑到各地差异，应因地制宜制定符合地方定位的地方技术标准，并将其作为适用条件。

【相关法律规定】

[引用条文]

（一）《道路机动车辆生产企业及产品准入管理办法》第二条第一款

国家对从事道路机动车辆生产的企业及其生产的在境内使用的道路机动车辆产品实行分类准入管理。

（二）《关于开展智能网联汽车准入和上路通行试点工作的通知》第3.2.1.2条

试点汽车生产企业通过产品测试与安全评估后，方可向工业和信息化部提交产品准入申请……

（三）《深圳经济特区智能网联汽车管理条例》第二十条

实行智能网联汽车产品准入管理制度。

市工业和信息化部门应当根据智能网联汽车产品生产者的申请，将符合深圳市地方标准的智能网联汽车产品列入深圳市智能网联汽车产品目录，并向社会公布。

未列入国家汽车产品目录或者深圳市智能网联汽车产品目录的智能网联汽车产品，不得在深圳市销售、登记。

[参考条文]

《道路机动车辆生产企业及产品准入管理办法》第二十四条第一款

鼓励道路机动车辆生产企业进行技术创新……

第三十三条　产品准入规则

工业和信息化部、公安部、交通运输部等主管部门应当细化完善自动驾驶汽车产品的准入测试与安全评估标准，并对自动驾驶汽车生产企业开展产品测试与安全评估工作。

自动驾驶汽车生产企业通过产品测试与安全评估后，方可向工业和信息化部提交产品准入申请。工业和信息化部依据道路机动车辆生产企业和产品准入管理有关规定，经受理、审查和公示后，作出是否准入的决定。决定准入的，工业和信息化部应当按规定将智能网联汽车产品及其准入有效期、实施区域等限制性措施予以公告。

【解读】

（1）本条来源。本条直接引用了《关于开展智能网联汽车准入和上路通行试点工作的通知》中的相关条款。

（2）目的和任务。本条旨在明确自动驾驶汽车的准入规则，明确准入标准的制定主体，明确准入需先通过产品测试与安全评估。

【相关法律规定】

[引用条文]

《关于开展智能网联汽车准入和上路通行试点工作的通知》第3.2.1条

（1）测试与安全评估

试点汽车生产企业应当细化完善智能网联汽车产品的准入测试与安全评估方案，经工业和信息化部、公安部确认后，在省级主管部门和车辆运行所在城市政府部门监督下，开展产品测试与安全评估工作。工业和信息化部委托技术服务机构对产品测试与安全评估方案、实施、结果等进行评估。试点汽车生产企业应按照监测要求将车辆接入工业和信息化部试点管理系统。

（2）产品准入许可

试点汽车生产企业通过产品测试与安全评估后，方可向工业和信息化部提交产品准入申请。工业和信息化部依据道路机动车辆生产企业和产品准入管理有关规定，经受理、审查和公示后，作出是否准入的决定。决定准入的，工业和信息化部应当按规定将智能网联汽车产品及其准入有效期、实施区域等限制性措施予以公告。

第三十四条　准入退出规则

自动驾驶汽车发生严重道路交通安全违法行为和重大交通事故涉嫌安全隐患的，相关自动驾驶汽车生产企业或自动驾驶经营主体未按要求履行产品质量、网络安全、数据安全等法定义务的，擅自超出许可范围开展驾驶活动的，应当暂停准入许可并整改。

经整改无法消除安全隐患、履行法定义务、合规开展驾驶活动的，应当吊销准入许可。

【解读】

（1）本条来源。本条直接引用了《关于开展智能网联汽车准入和上路通行试点工作的通知》中的相关条款。

（2）目的和任务。本条旨在明确自动驾驶汽车准入后的监管及退出规则，明确自动驾驶汽车准入后的问题整改及退出机制。

【相关法律规定】

［引用条文］

《关于开展智能网联汽车准入和上路通行试点工作的通知》第3.3 条

试点期间，车辆发生道路交通安全违法行为和交通事故涉嫌安全隐患，试点汽车生产企业或使用主体有未履行安全责任和网络安全、数据安全、无线电安全保护义务等情形，应当暂停试点并整改。车辆自动驾驶系统存在严重安全隐患且无法消除，试点汽车生产企业、试点使用主体相关条件发生重大变化无法保障试点实施等情形，应当退出试点。

第三十五条　产品目录管理制度

自动驾驶汽车产品生产者应先行提出申请，工业和信息化部门审查后将符合标准的自动驾驶汽车产品列入相关产品目录，并向社会公布。

未列入国家汽车产品目录的自动驾驶汽车产品，不得销售、登记。

列入国家汽车产品目录的自动驾驶汽车，经公安机关交通管理部门登记后，方可上道路行驶。但车辆车载设备运行安全相关数据未按规定接入政府监管平台的，不得上路行驶。

【解读】

（1）本条来源。《行政许可法》实施后，车辆生产企业及产品准入许可（公告管理）被设立为行政许可事项延续至今。该条直接法律来源为《新能源汽车生产企业及产品准入管理规定》《道路机动车辆生产企业及产品准入管理办法》，其对汽车准入要求作了明确规定。

（2）目的和任务。本条旨在明确以产品目录的形式确定自动驾驶汽车的销售准入。同时以登记形式确定智能网联汽车的上路准入。

（3）政府监管平台接入义务。自动驾驶汽车具有智能属性，自带多种网联与数据安全风险，因此有必要明确自动驾驶车辆的监管平台数据接入义务，未接入的不得上路行驶。该规定也旨在为后文网络数据安全监管做铺垫。

【相关法律规定】

［引用条文］

《深圳经济特区智能网联汽车管理条例》第二十条第三款

未列入国家汽车产品目录或者深圳市智能网联汽车产品目录的智能网联汽车产品，不得在深圳市销售、登记。

［参考条文］

（一）《新能源汽车生产企业及产品准入管理规定》第十四条

通过审查的新能源汽车生产企业及产品，由工业和信息化部通过《公告》发布。

不符合本规定所规定的条件、标准的新能源汽车生产企业及产品，工业和信息化部不予列入《公告》。

新能源汽车生产企业应当按照《公告》载明的许可要求生产新能源汽车产品。

（二）《新能源汽车生产企业及产品准入管理规定》第二十八条

新能源汽车生产企业擅自生产、销售未列入工业和信息化部《公告》的新能源汽车车型的，工业和信息化部应当依据《中华人民共和国道路交通安全法》有关规定予以处罚。

第三十六条　地方标准及适用

各省（市、自治区）可以组织制定本地自动驾驶汽车产品地方标准，并依法按相关程序规定发布。

自动驾驶汽车产品地方标准应当符合国家有关标准化的法律、法规、规定以及自动驾驶汽车技术的发展方向，并应当根据技术发展情况适时更新。同时，不得排斥不同技术发展路径，不得利用地方标准排除市场竞争。

地方标准的内容应当包括技术要求、试验方法、检验规则、安全要求等方面，其中安全要求应重点关注数据安全、网络安全、在线升级安全、驾驶辅助和自动驾驶安全等领域。

【解读】

（1）本条来源。本条上位法渊源为《标准化法》《强制性国家标准管理办法》《地方标准管理办法》等法律法规。该条的直接参考来源为《深圳经济特区智能网联汽车管理条例》，其明确规定了深圳市智能网联汽车适用深圳市地方标准。但本条在其基础上增加了禁止性规定，防止利用地方标准行地方保护主义之实，损害全国统一大市场构建。同时，本条还在地方标准安全要求方面参考了《关于加强智能网联汽车生产企业及产品准入管理的意见》最新要求。

（2）目的和任务。本条旨在明确地方标准的制定单位、制定要求和内容。自动驾驶安全技术标准虽应由国家统一制定，但是各地路况差异极大，适应一地的自动驾驶标准未必适应其他地方的道路。因此有必要建立健全符合本体安全要求的地方标准，同时应防止利用地方标准进行市场竞争限制，构建地方保护。

【相关法律规定】

［引用条文］

《深圳经济特区智能网联汽车管理条例》第二十二条

智能网联汽车产品地方标准应当符合智能网联汽车技术的发展方向，不得排斥不同发展路径的技术，并应当根据技术发展情况适时更新。

［参考条文］

《关于加强智能网联汽车生产企业及产品准入管理的意见》第十一条

（十一）夯实基础能力。工业和信息化部会同各地相关部门、有关企业进一步完善智能网联汽车标准体系建设……

第三十七条 团体标准及适用

自动驾驶汽车相关行业协会可根据当前市场发展需要，在充分调研论证的基础上，组织制定具有引领性、创新性的本行业团体标准。

地方标准制定者可以参考团体标准制定规则，以促进本行业的发展和规范。

【解读】

（1）本条来源。本条上位法渊源为《标准化法》《团体标准管理规定》《北京市标准化办法》等法律法规。该条的直接参考来源为《深圳经济特区智能网联汽车管理条例》，其明确鼓励自动驾驶汽车相关行业协会根据实际制定团体标准，规范市场运作。但本条在其基础上明确了团体标准的性质定位，不得作为准入技术标准，但同时设计了其与地方标准的衔接条款，鼓励形成团体标准先行先试、地方标准提炼总结的良性联动标准体系。

（2）目的和任务。本条旨在鼓励行业协会先行先试，充分吸取国际先进经验，发挥扎根本土市场的感知优势，及时制定并根据市场和技术发展更新完善团体标准，为地方标准的制定和更新完善提供经验借鉴。

【相关法律规定】

[引用条文]

《深圳经济特区智能网联汽车管理条例》第二十三条

鼓励智能网联汽车相关行业协会参考国际先进标准，组织智能网联汽车和相关行业的企业、机构，制定引领性、创新性的智能网联汽车产品团体标准，报市工业和信息化部门备案，并通过相关标准信息平台向社会公布。

第七章　道路测试、示范应用和示范运营

第三十八条　道路测试、示范应用、示范运营概念

各级行政区域内自动驾驶汽车道路测试、示范应用、示范运营等道路测试与应用活动以及相关监督管理，适用本法。

本条例所称道路测试，是指测试主体在取得自动驾驶汽车驾驶道路测试资格后，以测试自动驾驶功能为目的，在公路、城市道路及特定区域范围内用于社会机动车辆通行的各类道路的指定路段进行的道路测试活动。

本条例所称示范应用，是指测试主体在取得自动驾驶汽车道路示范应用资格后，以试点、试行为目的，在公路、城市道路及特定区域范围内用于社会机动车通行的各类道路指定的路段进行的模拟载人、载物等测试活动。

本办法所称示范运营，是指测试主体在取得自动驾驶汽车道路示范运营资格后，在公路、城市道路以及特定区域范围内用于社会机动车辆通行的各类道路的指定路段，开展商业运营活动。

【解读】

（1）本条来源。该条直接法律来源为《北京市自动驾驶车辆道路测试管理实施细则（试行）》《北京市智能网联汽车政策先行区智能网联客运巴士道路测试、示范应用管理实施细则（试行）》，其对自动驾驶汽车道路测试与应用做了明确定义。本条未采用《深圳经济特区智能网联汽车管理条例》关于道路测试与应用的相关定义，因为其定义相对模糊，且未提及示范运营，不够周延。

（2）目的和任务。本条采用了《重庆市智能网联汽车道路测

试与应用管理试行办法》集成式定义方式，旨在统一明确自动驾驶汽车道路测试与应用的法律定义，并指明道路测试与应用的目的性限制要件。

【相关法律规定】

[引用条文]

（一）《北京市自动驾驶车辆道路测试管理实施细则（试行）》第六十五条

……自动驾驶道路测试是指测试主体在取得北京市自动驾驶道路测试资格后，遵守本实施细则相关规定，以测试自动驾驶系统为目的进行的科学试验……

（二）《重庆市智能网联汽车道路测试与应用管理试行办法》第二条第一款

本市行政区域内智能网联汽车道路测试、示范应用、示范运营等道路测试与应用活动以及相关监督管理，适用本办法。

[参考条文]

（一）《上海市智能网联汽车测试与应用管理办法》第十三条

智能网联汽车道路测试，是指在本市公路（包括高速公路）、城市道路（包括城市快速路）以及特定区域范围内用于社会机动车辆通行的各类道路的指定路段，对智能网联汽车自动驾驶功能进行测试的活动。

（二）《上海市智能网联汽车测试与应用管理办法》第二十一条

智能网联汽车示范应用，是指在本市公路（包括高速公路）、城市道路（包括城市快速路）以及特定区域范围内用于社会机动车辆通行的各类道路的指定路段，对智能网联汽车开展模拟载人、载货或者特种作业的测试活动。

（三）《上海市智能网联汽车测试与应用管理办法》第二十五条

智能网联汽车示范运营，是指在本市公路（包括高速公路）、城市道路（包括城市快速路）以及特定区域范围内用于社会机动车辆通行的各类道路的指定路段，对智能网联汽车开展载人、载货或者特种作业的商业试运营活动。

（四）《海南省智能汽车道路测试和示范应用管理办法（暂行）》第二条

本办法所称道路测试，是指在公路（包括高速公路、环岛旅游公路）、城市道路、区域范围内等用于社会机动车通行的各类道路指定的路段进行的智能汽车自动驾驶功能测试活动。

本办法所称示范应用，是指在公路（包括高速公路、环岛旅游公路）、城市道路、区域范围内等用于社会机动车通行的各类道路指定的路段进行的具有试点、试行效果的智能汽车载人载物或特种作业运行活动。

本办法所称商业化试点，是指在公路（包括高速公路、环岛旅游公路）、城市道路、区域范围内等用于社会机动车通行的各类道路指定的路段，以智能汽车为载体，提供收费载人、载物或者特种作业服务，具有探索性的商业化试点活动，属于示范应用的特殊范畴。

本办法所称测试区（场），是指在固定区域设置的具有封闭物理界限及智能汽车自动驾驶功能测试所需道路、网联等设施及环境条件的场地。

第三十九条　活动的开展、中止与终止

交通运输主管部门应联合公安交管、工信等部门，根据本法和

国家有关规定，制定道路测试、示范应用和示范运营的具体办法，并组织实施。

开展自动驾驶汽车道路测试、示范应用和示范运营活动的，应满足具体办法相关要求。未经开展道路测试和示范应用活动并取得相应牌照资质的，不得开展示范运营活动。

道路测试、示范应用和示范运营主体应当在取得公安交管部门核发的专门行驶车号牌后，开展相关活动。

道路测试、示范应用和示范运营活动开展中发生交通事故造成人员伤亡的，应当中止相应主体的活动开展资格。公安交管部门应对事故原因进行调查，相关活动主体应对安全隐患进行整改。经第三方审核评估，整改到位的，可以恢复道路测试、示范应用和示范运营。

拒不整改，或经整改无法消除安全隐患的，终止相关主体道路测试、示范应用、示范运营活动开展资格。

【解读】

（1）本条来源。该条参考了《北京市自动驾驶车辆道路测试管理实施细则（试行）》，其对自动驾驶汽车开展道路测试与相关应用活动的条件和流程作了详细规定。

（2）目的和任务。本条旨在明确自动驾驶汽车道路测试与相关应用、相关具体办法的制定单位，并以此明确相关活动的申请标准与申请流程，明确道路测试和示范应用活动为示范运营活动的前置条件。同时明确道路测试与相关应用活动的中止和终止条件。基于对新兴技术监管的包容审慎要求，对于相关活动开展中发生交通事故，造成人员伤亡的，不必暂停整个行业的测试活动，只需中止相关主体测试活动即可。对于经整改通过第三方审核评估的，可以再次开展相关活动。

【相关法律规定】

［引用条文］

《深圳经济特区智能网联汽车管理条例》第十三条

市交通运输部门应当会同市工业和信息化部门、市公安机关交通管理部门建立联合工作机制，根据本条例和国家有关规定，制定深圳市道路测试和示范应用的具体办法，并组织实施。

［参考条文］

《北京市自动驾驶车辆道路测试管理实施细则（试行）》第一条

为推动我国自动驾驶技术的发展和应用，提高交通运输行业科技创新水平，规范自动驾驶车辆道路测试工作，依据《北京市关于加快推进自动驾驶车辆道路测试有关工作的指导意见（试行）》，特制定本实施细则。

第四十条　路段、区域、时段划定与公告

相关主管部门应当选择具备支撑自动驾驶及网联功能实现的适当路段、区域、时段，供自动驾驶汽车开展道路测试、示范应用和示范运营使用。相关道路应无明显的道路交通安全隐患，符合国家技术规范要求，实现监控全覆盖。

开展自动驾驶汽车道路测试、示范应用和示范运营期间，交通管理部门应发布相应公告，包括道路测试主体、机动车号牌、道路测试时间、道路测试路段和区域、道路测试项目等基本信息。公告事项发生变更的，应当重新发布。

【解读】

（1）本条来源。本条借鉴了《海南省智能汽车道路测试和示范应用管理办法（暂行）》第三条规定，同时参照《杭州市智能网联车辆道路测试与示范应用管理实施细则（试行）（征求意见稿）》相关规定设计。

（2）目的和任务。本条旨在保障公众知情权以及公共交通秩序与安全。通过由交通主管部门集中统一发布自动驾驶汽车测试与应用公告的方式，保障大众知情权，避免发生因信息不畅导致的交通拥堵与安全事故。

【相关法律规定】

[引用条文]

《海南省智能汽车道路测试和示范应用管理办法（暂行）》第三条

……用于智能汽车测试和示范应用的道路应当符合以下条件：

（一）无明显的道路交通安全隐患。

（二）道路标志标线符合国家相关标准要求。

（三）实现监控全覆盖或者覆盖重点路段。

[参考条文]

《杭州市智能网联车辆道路测试与示范应用管理实施细则（试行）（征求意见稿）》第三十九条

道路测试、远程测试、示范应用主体应及时通过多种方式向社会、特别是道路测试路段和示范应用区域周边发布智能网联车辆道路测试、远程测试、示范应用的时间、项目及安全注意事项等。

第四十一条　风险告知与安全义务

在示范应用和示范运营过程中，责任主体应提前向相关人员书面告知所涉风险，并采取必要安全措施。

【解读】

（1）本条来源。本条参考了《深圳经济特区智能网联汽车管理条例》、交通运输部《自动驾驶汽车运输安全服务指南（试行）》及《德国交通法自动驾驶修正案》（19/27439）的有关规定。

（2）目的和任务。本条旨在保障示范应用和示范运营中自动驾驶汽车所有人、管理人和搭载人员的安全风险知情权，并明确示范运营中安全员的特殊安全义务。

【相关法律规定】

［引用条文］

《深圳经济特区智能网联汽车管理条例》第十五条

在示范应用过程中，示范应用主体应当提前向搭载货物的所有人、管理人和搭载人员书面告知相关风险，并采取必要安全措施。

开展道路测试和示范应用不得干扰正常道路交通活动，不得非法从事道路运输经营活动，不得搭载危险货物。

［参考条文］

《德国交通法自动驾驶修正案》（19/27439）第一（f）条

Die Technische Aufsichtüber ein Kraftfahrzeug mit autonomer Fahr-funktion ist verpflichtet

1. dasKraftfahrzeug für ein alternatives Fahrmanöver nach § 1e Ab-

satz 2 Nummer 4 und Absatz 3 freizuschalten, sobald ihr ein solches optisch, akustisch oder sonst wahrnehmbar durch das Fahrzeugsystem angezeigt wird und die vom Fahrzeugsystem bereitgestellten Daten eine Beurteilung der Situation ermöglichen,

2. die autonome Fahrfunktion unverzüglich zu deaktivieren, sobald dies optisch, akustisch oder sonst wahrnehm- bar durch das Fahrzeugsystem angezeigt wird,

3. Signale der technischen Ausrüstung zum eigenen Funktionsstatus zu bewerten und gegebenenfalls erforderliche Maßnahmen zur Verkehrssicherung einzuleiten, und

4. unverzüglich Kontakt mit den Insassen des Kraftfahrzeugs herzustellen und die zur Verkehrssicherung not- wendigen Maßnahmen einzuleiten, wenn das Kraftfahrzeug in den risikominimalen Zustand versetzt wird.

具有自动驾驶功能的机动车辆的技术监督员有义务

1. 一旦车辆系统发出视觉、听觉或其他可感知的指示，且车辆系统提供的数据可对情况作出评估，即释放机动车以进行替代驾驶操作；

2. 一旦车辆系统发出视觉、听觉或其他感知信号，立即关闭自动驾驶功能；

3. 评估技术设备发出的有关其自身功能状态的信号，必要时采取必要措施确保道路安全，以及

4. 当机动车进入最低危险状态时，立即与车内人员取得联系，并采取必要的交通安全措施。

第四十二条　运输经营活动安全

自动驾驶运输经营者应履行安全生产主体责任，建立健全各项安全生产管理制度及运输安全保障机制。

【解读】

（1）本条来源。本条引用了《自动驾驶汽车运输安全服务指南（试行）》的有关规定。

（2）目的和任务。本条旨在明确自动驾驶运输经营活动中，经营者负有的安全生产主体责任，应履行安全生产和运输安全保障义务。《自动驾驶汽车运输安全服务指南（试行）》已经就安全生产制度、安全保障机制具体内容作了明确规定，作为上位法，不宜再作过细规定，应给下位法留出细化空间。

【相关法律规定】

[引用条文]

《自动驾驶汽车运输安全服务指南（试行）》第七条第一款、第二款

（一）安全生产制度。

自动驾驶运输经营者应履行安全生产主体责任，建立实施运营安全管理制度，包括但不限于全员安全生产责任制度、车辆技术管理制度、安全评估制度、安全隐患排查治理制度、动态监控管理制度、网络安全管理制度、从业人员安全管理制度、关键岗位安全生产操作规程、安全生产和应急处置教育培训计划等。

（二）运输安全保障。

自动驾驶运输经营者应建立健全运输安全保障体系，在正式运营前要制定自动驾驶汽车运输安全保障方案，明确自动驾驶汽车的设计运行条件、人员配备情况、运营安全风险清单、分级管控措施、突发情况应对措施等。自动驾驶运输经营者应与汽车生产企业、安全员等签署协议，明确各方权利责任义务，并组织对运输安

全保障方案进行专业性论证和安全风险评估。运输安全保障方案和安全风险评估报告应告知运营地交通运输主管部门、公安交警部门和应急管理部门。自动驾驶运输经营者要确保运输安全；存在重大隐患无法保障运输安全的，应及时依法暂停自动驾驶运输经营。

第四十三条　运输车辆动态监控

自动驾驶汽车运营地交通运输主管部门应加强自动驾驶汽车动态监控，对车辆运行区域、运行线路、运行状况等进行监控管理，及时提醒、纠正和处理违法违规行为。

提供自动驾驶运输服务的企业应当建立健全并严格落实动态监控管理相关制度。

【解读】

（1）本条来源。本条引用了《自动驾驶汽车运输安全服务指南（试行）》《道路运输车辆动态监督管理办法》的有关规定。

（2）目的和任务。本条旨在明确交通运输主管部门对运输车辆的动态监管职责，以及对自动驾驶运输企业落实动态监控责任义务。交通运输主管部门应对自动驾驶汽车的综合运行情况进行及时掌握，并及时纠正相关违法违规行为，保障运输安全。自动驾驶运输企业应遵守《道路运输车辆动态监督管理办法》相关规定，完善自身动态监管管理制度，提升履职能力。

【相关法律规定】

[引用条文]

(一)《自动驾驶汽车运输安全服务指南（试行）》第七条第四款

车辆符合《道路运输车辆动态监督管理办法》及国家有关规定

的，要加强自动驾驶汽车动态监控，对车辆运行区域、运行线路、运行状况进行监控管理，及时提醒纠正和处理违法违规行为。运营地交通运输主管部门要督促自动驾驶运输经营者加强对运输车辆及安全员的动态管理。

（二）《道路运输车辆动态监督管理办法》第二十三条

道路运输企业应当建立健全并严格落实动态监控管理相关制度，规范动态监控工作：

（一）系统平台的建设、维护及管理制度；

（二）车载终端安装、使用及维护制度；

（三）监控人员岗位职责及管理制度；

（四）交通违法动态信息处理和统计分析制度；

（五）其他需要建立的制度。

[参考条文]

《道路运输车辆动态监督管理办法》第二十条

道路运输企业是道路运输车辆动态监控的责任主体。

第四十四条　行政区全域开放制度

各设区市人民政府可以选择车路协同基础设施较为完善的行政区全域开放道路测试、示范应用和示范运营。

在全域开放的行政区开展道路测试、示范应用和示范运营的具体办法由所在区（县）人民政府另行制定，报设区市人民政府批准后公布实施。

【解读】

（1）本条来源。本条直接引用了《深圳经济特区智能网联汽车管理条例》的有关规定。

（2）目的和任务。本条旨在明确各设区市人民政府为全域开放的决定机关，全域开放以建成一区、开放一区、建设一区的阶梯开放模式进行，考虑到各地、各行政区之间功能及路况不同，各区开展道路测试、示范应用和示范运营的具体办法由所在区县级人民政府另行制定实施。

【相关法律规定】

[引用条文]

《深圳经济特区智能网联汽车管理条例》第十七条

市人民政府可以选择车路协同基础设施较为完善的行政区全域开放道路测试、示范应用，探索开展商业化运营试点。

在全域开放的行政区开展道路测试、示范应用的具体办法由所在区人民政府另行制定，报市人民政府批准后公布实施。

第八章　算法管理

第四十五条　自动驾驶算法管理原则与禁止算法歧视

自动驾驶算法服务应当遵守法律法规，尊重社会公德和伦理，遵守商业道德和职业道德，遵循公正公平、公开透明、科学合理和诚实信用的原则。

自动驾驶算法应始终以保护人的生命安全为最高优先事项，禁止任何形式的算法歧视。在损害发生无法避免时，不得对其他交通参与者进行不合理的差别对待。

【解读】

（1）本条来源。本条无直接法律来源。关于自动驾驶算法基本原则方面，本条参考引用了《互联网信息服务算法推荐管理规定》第四条的规定，明确算法服务应包括尊重社会公德和伦理，遵守商业道德和职业道德，遵循公正公平、公开透明、科学合理和诚实信用三大基本原则。关于禁止算法歧视方面，由于其为本条创造性规定，因此无域内文本可以参考，只能借助域外文本，在设计上本条参考了《自动驾驶汽车交通伦理准则》第九条设计。该条对算法歧视进行了规定，其规定算法必须以保护人的生命为最高优先事项且在人类生命无法避免受到损害时，不允许根据个人特征（如年龄、性别、身体或精神构成）进行进一步加权。

（2）目的和任务。本条旨在明确自动驾驶算法服务和管理的四项基本原则，包括三项正面原则和一项负面原则。三项正面原则包括尊重社会公德和伦理原则，遵守商业道德和职业道德原则，遵循公正公平、公开透明、科学合理和诚实信用原则。其中公开透明原则为后续算法解释规定提供了原则依据，其余则为算法备案和算法检查提供了原则依据。一项负面原则为禁止算法歧视原则，旨在防止事故或其他损害人身财产权益的情况发生时，因算法私自加权而造成有违伦理道德的有害后果。

（3）禁止算法歧视。自动驾驶算法必须在事故发生之前确定优先保护对象，乘客与路人之间、乘客之间的利害取舍必然会引发"电车难题"。生命价值无法进行个体衡量，但从无人驾驶汽车的产品本质属性及其法律利益出发，因生产者需对消费者承担产品安全责任义务，因此无人驾驶算法必然会以保护车内乘客生命安全为第一要务，由此就形成了车内乘客对车外行人的算法歧视。此外，车企也可能基于不同性别、不同年龄人群的事故发生率或事故存活率在事故发生时作出不同的加权决策，这也会导致车内乘客之间的算法歧视，因此，有必要设置禁止算法歧视这一基本原则。

【相关法律规定】

[引用条文]

《互联网信息服务算法推荐管理规定》第四条

提供算法推荐服务，应当遵守法律法规，尊重社会公德和伦理，遵守商业道德和职业道德，遵循公正公平、公开透明、科学合理和诚实信用的原则。

[参考条文]

《自动驾驶汽车交通伦理准则》第九条

在人类生命无法避免风险的情况下，不允许根据个人特征（例如年龄、性别、身体或精神构成）进行进一步加权。

第四十六条　自动驾驶算法伦理审查

主管部门应加强对自动驾驶汽车的算法伦理审查监管与安全风险研判。支持自动驾驶汽车企业和行业建立算法伦理自律监管体系，支持自动驾驶汽车行业协会设立算法伦理专门（审查）委员会，制定算法伦理行业自律公约、伦理设计与嵌入标准等。构建自动驾驶汽车全生命周期算法歧视等伦理安全风险应对体系，提升自动驾驶算法的公平性、安全性、透明性与可解释性等。

【解读】

（1）本条来源。本条来源于《科技伦理审查办法（试行）》第三条、第四条、第五条。自动驾驶算法属于涉及人的科技活动，应纳入科技伦理审查范围。根据《科技伦理审查办法（试行）》的规定，研发机构应设立科技伦理（审查）委员会。

（2）目的和任务。本条旨在明确加强自动驾驶算法服务的算法伦理监管。明确职能部门的算法伦理审查与风险研判义务，明确行业自身的自我审查、自我监管职责。通过内外双轮监管的方式加强对自动驾驶算法的伦理监管，回应当前对科技伦理监管的制度之需与时代之问。

【相关法律规定】

[引用条文]

《科技伦理审查办法（试行）》第四条第一款

……企业等是本单位科技伦理审查管理的责任主体。从事生命科学、医学、人工智能等科技活动的单位，研究内容涉及科技伦理敏感领域的，应设立科技伦理（审查）委员会。

[参考条文]

（一）《自动驾驶汽车交通伦理准则》第九条

在人类生命无法避免风险的情况下，不允许根据个人特征（例如年龄、性别、身体或精神构成）进行进一步加权。

（二）《科技伦理审查办法（试行）》第二条

开展以下科技活动应依照本办法进行科技伦理审查：

（一）涉及以人为研究参与者的科技活动……

（三）《科技伦理审查办法（试行）》第三条第二款

科技伦理审查应坚持科学、独立、公正、透明原则……

第四十七条　自动驾驶算法解释

乘客、驾驶员、车辆所有者及主管部门有权要求自动驾驶汽车生产者或自动驾驶系统运营者对自动驾驶算法的自动化决策进行解释。

　　自动驾驶汽车生产者或自动驾驶系统运营者就自动驾驶算法的自动化决策做出解释时既可以以人工解释形式做出，也可以提供机器解释。解释既可以在决策前被请求，也可以在决策后被请求，但解释必须相对通俗，易于理解。

　　主管部门可要求自动驾驶汽车生产者或自动驾驶系统运营者就自动驾驶算法做出系统解释，包括自动决策系统的逻辑、意义、预期后果和一般功能等。

【解读】

　　（1）本条来源。本条上位法来源为《个人信息保护法》第二十四条，该条明确赋予了受自动化决策个体对自动化决策的算法解释权。自动驾驶算法的本质也是自动化决策，因此其相应利害主体也享有算法解释权。但是，目前法律法规未对如何进行算法解释、何时进行算法解释、解释什么等问题加以明确，因此，本条还借鉴了中国人民大学丁晓东教授等学者的理论就以上问题加以设计。

　　（2）目的和任务。本条旨在明确主管部门及相关利害个人的自动驾驶算法解释权。同时明确解释可以以人工解释形式作出，也可以提供机器解释，解释可以在决策前提出也可以在决策后提出，针对主管部门应作系统解释，针对个人可以作个案解释，但解释必须通俗易懂。

　　（3）何时解、如何解、解什么、解释效果：对于何时解问题，我国《个人信息保护法》并未进行明确规定。《个人信息保护法》第二十四条、第四十八条对透明性的一般性要求既可以被解读为事前解释，也可以被解读为事后解释，或者同时包含两者。相较于时间，立法者更看重知情权问题，因此，只要可以保障公民的知情权，事前解释与事后解释均可采纳。关于如何解问题，人工解释与机器翻译都是当前实务中的通行做法，但考虑到完全允许机器翻译可能会导致解释本身变成一项需要循环论证的自动化决策程序，因此人工解释是必要的，且要起到兜底效果。关于解什么的问题，从主体角度出发，主管部门出于系统监管和安全防范的需要，通常需要系统了解算法逻辑、意义、预期后果和一般功能，而个体通常只对与自身密切相关的算法决策有解释需求，因此针对个体无须作系统解释。最后，解释必须通俗易懂。

【相关法律规定】

[引用条文]

（一）《个人信息保护法》第二十四条第三款

通过自动化决策方式作出对个人权益有重大影响的决定，个人有权要求个人信息处理者予以说明，并有权拒绝个人信息处理者仅通过自动化决策的方式作出决定。

（二）《个人信息保护法》第四十八条

个人有权要求对其个人信息处理规则进行解释说明。

[参考条文]

《互联网信息服务算法推荐管理规定》第十六条

算法推荐服务提供者应当以显著方式告知用户其提供算法推荐服务的情况，并以适当方式公示算法推荐服务的基本原理、目的意图和主要运行机制等。

第四十八条　自动驾驶算法备案

自动驾驶汽车制造企业或相关算法生产企业应当在提供算法服务之日起十个工作日内向主管机关进行算法备案，包括备案主体、产品功能、算法等信息，履行备案手续，未经备案不得投入使用。备案信息发生变更的，应当在变更之日起十个工作日内办理变更手续。终止算法服务的，应当在终止服务之日起二十个工作日内办理注销备案手续，并作出妥善安排。

【解读】

（1）本条来源。本条无直接引用来源，目前我国暂无相关法律法规对自动驾驶算法备案进行规定，但《互联网信息服务算法推荐管理规定》第二十四条已对信息推送算法备案进行了明确规定，这标志着算法备案作为多维一体算法监管体系的关键环节，将与算法解释、算法检查一道成为我国算法监管的"三驾马车"。因此，针对关乎道路安全和公共安全的智能驾驶算法也应设置相应备案制度。

（2）目的和任务。本条旨在明确智能驾驶算法的备案制度，为自动驾驶算法监管提供法律支持。

（3）备案内容。备案主体信息，包括备案主体的名称、统一社会信用代码及法人信息等；产品及功能信息具体包括产品信息、产品功能访问路径以及路径功能下的基本信息；算法信息则按照功能维度进行拆分，包括定位、目标检测、目标跟踪、投影与重投影、任务规划、运动规划、目标检测、道路检测、视觉里程估计等。

【相关法律规定】

［引用条文］

《互联网信息服务算法推荐管理规定》第二十四条

……算法推荐服务提供者应当在提供服务之日起十个工作日……履行备案手续。……备案信息发生变更的，应当在变更之日起十个工作日内办理变更手续。算法推荐服务提供者终止服务的，应当在终止服务之日起二十个工作日内办理注销备案手续，并作出妥善安排。

第四十九条　自动驾驶算法检查

网信部门应会同公安、市监等部门定期对提供自动驾驶算法服务的企业开展算法检查工作，重点检查企业的算法安全能力与安全情况，督促企业及时进行算法备案，对检查发现的问题应及时向企业反馈并督促限期整改。参与监管的相关机构和人员对在履行职责中知悉的个人隐私、个人信息和商业秘密应当依法予以保密，不得泄露或者非法向他人提供。

【解读】

（1）本条来源。本条来源为《互联网信息服务算法推荐管理规定》第二十八条和第二十九条。其中第二十八条明确了算法安全监管的职能部门以及监管职责。本条在保障规范一致性的基础上参照第二十八条设计，明确网信部门为牵头监管单位，公安和市监在各自职责范围内协助监管。明确该条项下的主要监管内容为算法安全，与算法伦理区分开来。同时该条参照《互联网信息服务算法推荐管理规定》第二十九条设计了监督检查中的保密职责。

（2）目的和任务。本条的立法目的与任务在于强化智能驾驶算法安全监管的同时保障企业商业秘密、个人隐私和个人信息不被公权力所侵害。

【相关法律规定】

[引用条文]

《互联网信息服务算法推荐管理规定》第二十八条第一款

网信部门会同电信、公安、市场监管等有关部门对算法推荐服务依法开展安全评估和监督检查工作，对发现的问题及时提出整改意见并限期整改。

[参考条文]

《互联网信息服务管理办法》第十八条第一款

国务院信息产业主管部门和省、自治区、直辖市电信管理机构，依法对互联网信息服务实施监督管理。

第九章　数据开放和利用

第五十条　数据开放

本法所称数据开放是指行政机关依职权或依申请向社会开放各类依职权获取的自动驾驶政务数据的行为。自动驾驶政务数据以开放为原则，但涉及国家安全、商业秘密及个人隐私的除外。

大数据管理部门负责建立自动驾驶数据收集与开放平台，统一汇总各行政机关保存的自动驾驶数据，统一对外开放，打破数据壁垒。

【解读】

（1）本条来源。本条第一款实质上是对《数据安全法》第四十一条的重述。"行政机关主动向社会开放各类依职权获取的自动驾驶数据"即为《数据安全法》中的"政务数据"。"以开放为原则"即对应了《数据安全法》中的"及时、准确地公开政务数据"。"涉及国家安全、商业秘密及个人隐私的除外"的表述也与《数据安全法》中"依法不予公开的除外"的含义基本一致，本条列举的三类除外数据是《网络安全法》《民法典》《反不正当竞争法》《个人信息保护法》等法律所保护的客体，依法不予公开。

本条第二款是对《数据安全法》第四十二条、第四十三条的重述。"建立自动驾驶数据收集与开放平台，统一汇总各行政机关保存的自动驾驶数据，统一对外开放，打破数据壁垒"为《数据安全法》"构建统一规范、互联互通、安全可控的政务数据开放平台，推动政务数据开放利用"的重述；"大数据管理部门"对应《数据安全法》中"由法规授权的职能组织"。

（2）目的和任务。《数据安全法》《网络安全法》《个人信息保护法》为数据领域的纲领性法规，其中的许多条款仅起到引导性作用，暂无法具体落实，需待后续法规和条例的解释和应用。本条即对《数据安全法》第四十一条至第四十三条在自动驾驶领域的应用，作了一定程度的深化和细化。

【相关法律规定】

[参考条文]

（一）《数据安全法》第四十一条

国家机关应当遵循公正、公平、便民的原则，按照规定及时、准确地公开政务数据。依法不予公开的除外。

（二）《数据安全法》第四十二条

国家制定政务数据开放目录，构建统一规范、互联互通、安全可控的政务数据开放平台，推动政务数据开放利用。

（三）《数据安全法》第四十三条

法律、法规授权的具有管理公共事务职能的组织为履行法定职责开展数据处理活动，适用本章规定。

（四）《北京市数字经济促进条例》第十六条

公共数据资源实行统一的目录管理。市经济和信息化部门应当会同有关部门制定公共数据目录编制规范，有关公共机构依照规范及有关管理规定，编制本行业、本部门公共数据目录，并按照要求向市级大数据平台汇聚数据。公共机构应当确保汇聚数据的合法、准确、完整、及时，并探索建立新型数据目录管理方式。

本条例所称公共机构，包括本市各级国家机关、经依法授权具有管理公共事务职能的组织。本条例所称公共数据，是指公共机构在履行职责和提供公共服务过程中处理的各类数据。

第五十一条　开放计划

大数据管理部门应及时制定并公布年度数据开放计划，根据数据敏感类型及数据用途，采取无条件开放及附条件开放等形式向社会开放。

针对无条件开放数据，单位及个人享有相关数据访问利用权。针对附条件开放数据，单位及个人经大数据管理部门审查符合所附条件时，享有相关数据访问利用权。

【解读】

（1）本条来源。本条主要参考了《上海市公共数据开放暂行办法》第十二条、第十四条、第十五条和《上海市公共数据开放实施细则》第十四条、第十七条、第十八条有关根据数据分类分级制定开放清单、无条件开放数据获取和有条件开放数据获取的规定。

（2）目的和任务。旨在通过明确具体的政务数据开放计划，来促进政务数据向社会开放。

【相关法律规定】

[参考条文]

（一）《上海市公共数据开放暂行办法》第十二条第一款

数据开放主体应当按照年度开放重点和公共数据分级分类规则，在本市公共数据资源目录范围内，制定公共数据开放清单（以下简称开放清单），列明可以向社会开放的公共数据。通过共享等手段获取的公共数据，不纳入本单位的开放清单。

（二）《上海市公共数据开放暂行办法》第十四条

对列入无条件开放类的公共数据，自然人、法人和非法人组织可以通过开放平台以数据下载或者接口调用的方式直接获取。

（三）《上海市公共数据开放暂行办法》第十五条第一款

对列入有条件开放类的公共数据，数据开放主体应当通过开放平台公布利用数据的技术能力和安全保障措施等条件，向符合条件的自然人、法人和非法人组织开放。

（四）《上海市公共数据开放实施细则》第十四条

本市公共数据采取分级分类开放机制。对公共数据根据分级分类指南分为多个级别，并根据级别的组合划入三类开放：

（一）对涉及个人隐私、个人信息、商业秘密和保密商务信息，或者法律法规规定不得开放的公共数据，列入非开放类。非开放类公共数据依法进行脱密、脱敏处理，或者相关权利人同意开放的，可以列入无条件开放类或者有条件开放类。

（二）对数据安全和处理能力要求较高、时效性较强或者需要持续获取的公共数据，列入有条件开放类。

（三）其他公共数据列入无条件开放类。

（五）《上海市公共数据开放实施细则》第十七条

对列入无条件开放类的公共数据，自然人、法人和非法人组织可以通过开放平台以数据下载或者接口调用的方式直接获取，无须注册、申请等流程。

（六）《上海市公共数据开放实施细则》第十八条

对列入有条件开放类的公共数据，数据开放主体应当通过开放平台在相应数据页面列明申请材料，包括相关资质与能力证明、数据安全管理措施、应用场景说明等。涉及开放条件调整时，数据开放主体应主动并及时更新数据申请材料说明。

自然人、法人和非法人组织通过开放平台提交开放申请，上传相应材料。

第五十二条　数据交易

国家鼓励建设可信、高效、标准的汽车数据交易平台，鼓励各数据交易所（中心）开发自动驾驶数据交易专区，鼓励市场主体依法开展自动驾驶数据交易活动。

有关部门应在充分征求意见、尊重市场规律的基础上推动建立自动驾驶数据要素的登记、交易、数据资产管理、数据资产入表等制度。

【解读】

（1）本条来源。《数据安全法》第十九条、第三十三条对数据交易行为和数据交易市场赋予合规性，并对数据交易中介提出合规要求，本条的两款分别是对前述《数据安全法》两个条款的延伸。另外，本条中"鼓励各数据交易所（中心）开发自动驾驶汽车数据交易专区"的规定符合《深圳市数据交易管理暂行办法》第九条中要求数据交易场所运营机构"组织实施交易品种和交易方式创新"的倡导。自《数据安全法》之后，上海、天津等地方政府也相继颁布了与数据交易有关的法规，包括《上海市数据条例》《天津市数据交易管理暂行办法》等，对本条都有一定参考意义。

（2）目的和任务。本条旨在鼓励通过数据平台来交易自动驾驶汽车数据。

【相关法律规定】

[参考条文]

（一）《数据安全法》第十九条

国家建立健全数据交易管理制度，规范数据交易行为，培育数据交易市场。

（二）《数据安全法》第三十三条

从事数据交易中介服务的机构提供服务，应当要求数据提供方说明数据来源，审核交易双方的身份，并留存审核、交易记录。

（三）《深圳市数据交易管理暂行办法》第九条

数据交易场所运营机构应当按照相关法律、行政法规和数据交易综合监督管理部门的规定，为数据集中交易提供基础设施和基本服务，承担以下具体职责：

......

（七）组织实施交易品种和交易方式创新，探索开展数据跨境交易业务以及数据资产证券化等对接资本市场业务；

......

第五十三条　禁止交易

自动驾驶数据交易要符合相关法律法规要求，谨慎保护重要数据、核心数据和个人信息，密切关注国家安全和社会公共利益。存在以下情形的不得交易：

（一）危害国家安全、公共利益、侵害个人隐私的；

（二）未经合法权利人授权同意的；

（三）具有潜在伦理风险的；

（四）法律、法规规定禁止交易的其他情形。

【解读】

（1）本条来源。本条中列举的不得交易的数据散见于《数据安全法》《刑法》《民法典》《个人信息保护法》等法律法规之中。通常关系国家安全的数据为核心数据，比如，《数据安全法》第八条规定，开展数据处理活动，不得危害国家安全、公共利益，不得损害个人、组织的合法利益。《个人信息保护法》第十条也有类似的规定。这几类数据的流通（不限于交易）本身就受到相关法规的严格限制。此处只是将其进行列举和总结。

（2）目的和任务。本条旨在对不得交易的数据类型进行汇总和提醒。

【相关法律规定】

[参考条文]

（一）《数据安全法》第八条

开展数据处理活动，应当遵守法律、法规，尊重社会公德和伦理，遵守商业道德和职业道德，诚实守信，履行数据安全保护义务，承担社会责任，不得危害国家安全、公共利益，不得损害个人、组织的合法权益。

（二）《个人信息保护法》第十条

任何组织、个人不得非法收集、使用、加工、传输他人个人信息，不得非法买卖、提供或者公开他人个人信息；不得从事危害国家安全、公共利益的个人信息处理活动。

（三）《刑法》第二百五十三条之一第一款

违反国家有关规定，向他人出售或者提供公民个人信息，情节严重的，处三年以下有期徒刑或者拘役，并处或者单处罚金；情节特别严重的，处三年以上七年以下有期徒刑，并处罚金。

第十章　网络安全和数据管理

第五十四条　入网认证制度

自动驾驶汽车及车路协同基础设施中涉及通信技术的设施设备应当按规定取得国家工信部门的入网认证，涉及人身、财产安全的设施设备应当按照国家相关强制性标准或者要求取得可靠性认证报告，并符合相关安全技术规范标准。

【解读】

（1）本条来源。本条引用了《深圳经济特区智能网联汽车管理条例》第四十三条的相关规定。

（2）目的和任务。本条旨在明确车路协同基础设施应取得的相应技术资格和准入标准，通信网络设备应取得入网认证，其他涉及人身、财产安全的设施设备应出具可靠性认证报告。目前，多项关于车路协同基础设施的标准正在制定当中，既有关乎总体技术要求的《车路协同系统路侧基础设施　总体技术要求》，也有关乎信息安全的《车路协同系统路侧基础设施　信息安全技术要求》，随着更多国家标准、团体标准的制定，车路协同基础设施各单元设备的技术准入标准会更加明晰。作为条例不需要对具体标准作出规定，只需要明确遵循国家标准和团体标准即可。

【相关法律规定】

[引用条文]

《深圳经济特区智能网联汽车管理条例》第四十三条

车路协同基础设施中涉及通信技术的设施设备应当按规定取得国家工信部门的入网认证，涉及人身、财产安全的设施设备应当按照国家相关强制性标准或者要求取得可靠性认证报告。

[参考条文]

（一）《电信条例》第五十三条第一款

国家对电信终端设备、无线电通信设备和涉及网间互联的设备实行进网许可制度。

（二）《安全生产法》第二十条

生产经营单位应当具备本法和有关法律、行政法规和国家标准或者行业标准规定的安全生产条件；不具备安全生产条件的，不得从事生产经营活动。

第五十五条　网络与数据安全审查认证

建立自动驾驶汽车网络安全等级保护、网络与数据安全审查及认证机制，未通过网络与数据安全审查及认证的自动驾驶汽车不得销售。

建立健全自动驾驶汽车网络与数据安全认证机制，明确智能网联汽车的网络与数据安全防护能力和要求。

【解读】

（1）本条来源。本条上位法为《网络安全法》第二十一条，该条规定，国家实行网络安全等级保护制度。《信息安全等级保护管理办法》第四条则明确了我国信息系统的安全保护等级分为五级，一至五级等级逐级增高，分别为：第一级（自主保护级），第二级（指导保护级），第三级（监督保护级），第四级（强制保护级），第五级（专控保护级）。此外，《数据安全法》第十八条对数据安全认证作出了明确规定。《网络安全审查办法》则对安全审查作出了规定。

（2）目的和任务。该条的立法目的与任务在于明确自动驾驶汽车的网络安全保护，建立健全智能网联汽车网络与数据安全认证机制。自动驾驶汽车本身就是一个网络信息系统理应依照网络安全等级保护相关规定监管。此外，当前，我国网络与数据安全认证体制机制不断健全，标准规范不断完善，认证适用壁垒逐步打通，应建立针对自动驾驶汽车的网络与数据安全认证体系，开展安全认证工作。

（3）认证禁限制规则。考虑到安全是自动驾驶汽车规制的首要导向原则，因此，应建立数据安全认证禁限制规则，未通过认证的不得销售、上路使用。

本条内容参见《网络数据处理安全要求》（GB/T 41479—2022）第5.1条至5.13条，包括通则、收集、存储、使用、加工、传输、提供、公开、私人信息处理、个人信息查阅更正、删除等、访问控制与审计、数据删除和匿名化处理等。

【相关法律规定】

[引用条文]

（一）《网络安全法》第二十一条第一款

国家实行网络安全等级保护制度……

（二）《数据安全法》第十八条第一款

国家促进数据安全检测评估、认证等服务的发展，支持数据安全检测评估、认证等专业机构依法开展服务活动。

（三）《网络安全审查办法》第二条第一款

关键信息基础设施运营者采购网络产品和服务，网络平台运营者开展数据处理活动，影响或者可能影响国家安全的，应当按照本办法进行网络安全审查。

（四）《数据安全管理认证实施规则》第一条

本规则依据《中华人民共和国认证认可条例》制定，规定了对网络运营者开展网络数据收集、存储、使用、加工、传输、提供、公开等处理活动进行认证的基本原则和要求。

第五十六条　必要数据记录

自动驾驶汽车应具备必要数据记录功能，并在发生事故或未发生事故但有导致事故发生风险时，进行必要数据记录。

必要数据包括车辆基本数据、车辆运行数据、车辆感知数据、系统决策数据、系统控制政策和驾驶员操作数据等其他有助于事故判定的基本数据。

【解读】

（1）本条来源。本条无明确法律来源，参照《德国交通法自动驾驶修正案》关于数据处理部分内容制定。

（2）目的和任务。本条旨在明确事故与事故可能发生情境下的相关车辆数据记录义务。《德国交通法自动驾驶修正案》与此前的自动驾驶法律草案相比，在数据处理要求上进行了重大修订。法律直接规定，当技术主管介入事故和可能发生事故或车辆未能按计划操作驾驶时，车主有义务存储车辆识别号码、位置、环境、天气条件、自动驾驶功能的启用和停用次数等数据。《自动驾驶汽车运输安全服务指南（试行）》规定车辆运行状态信息包括但不限于以下 10 项内容：车辆标识（车架号或车辆号牌信息等）；车辆控制模式；车辆位置；车辆速度、加速度、行驶方向等运动状态；环境感知及响应状态；车辆灯光和信号实时状态；车辆外部 360 度视频监控情况；反映驾驶人和人机交互状态的车内视频及语音监控情况；车辆接收的远程控制指令（如有）和车辆故障情况（如有）。

【相关法律规定】

［参考条文］

（一）《德国交通法自动驾驶修正案》第六十三条

（2）The data recorded in accordance with paragraph（1）may be transmitted to the authorities responsible under federal state law for the sanctioning of traffic offenses when they request the data. The transmitted data may be stored and used by them. The extent of the transmission of data shall be limited to what is necessary for the purpose of establishing paragraph（1）in the context of the control procedures put in place by those authorities. This does not affect the general rules governing the processing of personal data.

（2）根据第（1）款记录的数据可在事故裁决当局请求数据时

传送给当局。其可以访问相关数据，数据调取范围应限于此背景第（1）款所确定的必需范围内。且不影响个人数据处理的一般规则。

（二）《自动驾驶汽车运输安全服务指南（试行）》第七条第三款

……在车辆发生事故或自动驾驶功能失效时，应自动记录和存储事发前至少90秒的运行状态信息。运行状态信息包括但不限于以下10项内容：车辆标识（车架号或车辆号牌信息等）；车辆控制模式；车辆位置；车辆速度、加速度、行驶方向等运动状态；环境感知及响应状态；车辆灯光和信号实时状态；车辆外部360度视频监控情况；反映驾驶人和人机交互状态的车内视频及语音监控情况；车辆接收的远程控制指令（如有）和车辆故障情况（如有）。

第五十七条　网络与数据备案登记

国家应加强自动驾驶汽车网络与数据安全监管平台建设。自动驾驶汽车应接入相关平台监管。当安全事故发生时，监管部门有权访问自动驾驶汽车必要数据记录。

参与监管的相关机构和人员对在监管活动中知悉的个人信息、车辆配置参数、内部系统参数、自动驾驶算法参数等技术数据应当依法予以保密，不得泄露或者非法向他人提供。

【解读】

（1）本条来源。本条来源为《汽车数据安全管理若干规定（试行）》第十六条。该条规定国家加强智能（网联）汽车网络平台建设，开展智能（网联）汽车入网运行和安全保障服务等，协同汽车数据处理者加强智能（网联）汽车网络和汽车数据安全防护。

（2）目的和任务。本条旨在响应《汽车数据安全管理若干规定（试行）》关于构建统一平台，加强智能网联汽车网络与数据安全防护与监管的要求，以在线监管平台实现对自动驾驶汽车网络与数据安全的统一监管。明确监管部门在发生事故时的网络接入与数据调取权限。

【相关法律规定】

[参考条文]

（一）《汽车数据安全管理若干规定（试行）》第十六条

国家加强智能（网联）汽车网络平台建设，开展智能（网联）汽车入网运行和安全保障服务等，协同汽车数据处理者加强智能（网联）汽车网络和汽车数据安全防护。

（二）《德国交通法自动驾驶修正案》第六十三条

（2）The data recorded in accordance with paragraph（1）may be transmitted to the authorities responsible under federal state law for the sanctioning of traffic offenses when they request the data. The transmitted data may be stored and used by them. The extent of the transmission of data shall be limited to what is necessary for the purpose of establishing paragraph（1）in the context of the control procedures put in place by those authorities. This does not affect the general rules governing the processing of personal data

（2）根据第（1）款记录的数据可在事故裁决当局请求数据时传送给当局。其可以访问相关数据，数据调取范围应限于此背景第（1）款所确定的必需范围内。且不影响个人数据处理的一般规则。

第五十八条　数据处理要求

数据处理，包括数据的收集、存储、使用、加工、传输、提供、公开等。

数据处理活动应当合法、正当、具体、明确，与自动驾驶汽车的设计、生产、销售、使用、运维等直接相关，且不得损害国家安全、公共利益或者公民、组织合法权益。

利用互联网等信息网络开展自动驾驶汽车数据处理活动的，应当落实网络安全等级保护、数据安全保护等制度。

【解读】

（1）本条来源。本条来源为《数据安全法》第二条和第八条，以及《汽车数据安全管理若干规定（试行）》第四条和第五条。

（2）目的和任务。本条旨在规范自动驾驶汽车数据收集活动，同时严格禁止任何未经审批的可能涉及国家安全的城市地图与地理信息违法收集活动。明确数据处理不得危害国家安全、公共利益，不得损害个人、组织的合法权益。

（3）车辆相关数据包括：车辆基本参数数据、车辆感知系统产生数据、用户基本数据、决策规划数据，包括整车性能、车辆状态、驾驶状态、部件状态和 ADAS 系统状态在内的运行数据，以及驾驶风险等级数据。

【相关法律规定】

[引用条文]

（一）《数据安全法》第二条第二款

在中华人民共和国境外开展数据处理活动，损害中华人民共和国国家安全、公共利益或者公民、组织合法权益的，依法追究法律责任。

（二）《数据安全法》第八条

开展数据处理活动，应当遵守法律、法规，尊重社会公德和伦理，遵守商业道德和职业道德，诚实守信，履行数据安全保护义务，承担社会责任，不得危害国家安全、公共利益，不得损害个人、组织的合法权益。

（三）《汽车数据安全管理若干规定（试行）》第四条

汽车数据处理者处理汽车数据应当合法、正当、具体、明确，与汽车的设计、生产、销售、使用、运维等直接相关。

（四）《汽车数据安全管理若干规定（试行）》第五条

利用互联网等信息网络开展汽车数据处理活动，应当落实网络安全等级保护等制度，加强汽车数据保护，依法履行数据安全义务。

第五十九条 个人信息处理

自动驾驶汽车生产者、自动驾驶系统运营者可以在遵守国家《个人信息保护法》及相关行政法规的情况下，收集下列类型的个人信息：

（一）与车辆使用相关的个人信息；

（二）与车辆安全相关的个人信息；

（三）为改进车辆使用所必需收集的个人信息；

（四）为增强行车安全所必需收集的个人信息。

处理个人信息应当通过用户手册、车载显示面板、语音、汽车使用相关应用程序等显著方式告知个人，并取得个人明示同意。

因保证行车安全需要，无法征得个人同意采集到车外个人信息且向车外提供的，应当进行匿名化处理。

【解读】

（1）本条来源。本条以《个人信息保护法》《汽车数据安全管理若干规定（试行）》为来源，同时参考了《深圳经济特区智能网联汽车管理条例》第四十八条的相关规定。

（2）目的和任务。本条旨在通过列举的形式明确自动驾驶汽车能够收集的个人信息边界，并使其收集范围满足《个人信息保护法》的直接相关与最小必要原则。本条是对上一条用户基本数据的补充。

（3）车辆使用相关个人信息。车辆使用相关个人信息是指包括与车辆控制启动密切相关的用户姓名、人脸、指纹、声纹等个人信息，与车辆行驶轨迹息息相关的行程轨迹、用户导航、地理位置等个人信息，以及其他车辆使用所必须获取，或伴随车辆使用必然产生的个人信息。

车辆安全相关个人信息。车辆安全相关个人信息是指驾驶员状态监测信息以及车内视频或音频监测信息。

改进使用相关个人信息。改进使用相关个人信息是指包括个人使用习惯、驾驶习惯在内的个人信息。

增强行车安全相关个人信息。增强行车安全相关个人信息是指为保证行车安全需要，无法征得个人同意而采集到车外个人信息且需要向车外传输的，或为增加行车安全监测到的驾驶人心率、面部表情、体温等个人信息。

【相关法律规定】

[引用条文]

（一）《深圳经济特区智能网联汽车管理条例》第四十八条

禁止利用智能网联汽车从事下列活动：

（一）非法收集、处理、利用个人信息；

（二）采集与本车辆行驶和交通安全无关的信息；

（三）非法采集涉及国家安全的信息。

（二）《汽车数据安全管理若干规定（试行）》第八条

汽车数据处理者处理个人信息应当取得个人同意或者符合法律、行政法规规定的其他情形。

因保证行车安全需要，无法征得个人同意采集到车外个人信息且向车外提供的，应当进行匿名化处理，包括删除含有能够识别自然人的画面，或者对画面中的人脸信息等进行局部轮廓化处理等。

[参考条文]

（一）《个人信息保护法》第四条

个人信息是以电子或者其他方式记录的与已识别或者可识别的自然人有关的各种信息，不包括匿名化处理后的信息。

（二）《个人信息保护法》第五条

处理个人信息应当遵循合法、正当、必要和诚信原则，不得通过误导、欺诈、胁迫等方式处理个人信息。

（三）《汽车数据安全管理若干规定（试行）》第七条

汽车数据处理者处理个人信息应当通过用户手册、车载显示面板、语音、汽车使用相关应用程序等显著方式，告知个人以下事项：

......

第六十条　网络和数据安全应急处置预案

自动驾驶汽车生产者、自动驾驶系统运营者应当依照国家相关规定，制定网络和数据安全应急处置预案，采取必要措施避免网络和数据安全事故。

在发生或者可能发生危害国家安全、公共安全、公民人身财产安全的网络和数据安全事故时，相关主体应当立即采取补救措施，如实记录事故日志，及时向有关部门报告事故相关情况。损害结果涉及个人的，还应向个人告知事故相关情况。

自动驾驶数据需跨境流动的，参照相关法律法规执行。

【解读】

（1）本条来源。本条引用和借鉴了《深圳经济特区智能网联汽车管理条例》第四十七条的相关规定。同时根据《个人信息保护法》《网络安全法》《数据安全法》及相关技术规范对该条进行了调整和完善。

（2）目的和任务。本条旨在明确自动驾驶汽车生产企业及平台企业的网络与数据安全应急处置预案制定实施义务。明确自动驾驶汽车在遭遇网络攻击和数据泄露时的企业平台责任。明确事故发生后，企业的如实记录与报告义务。明确相关数据的本地存储义务。

（3）网络和数据安全事故。网络安全事故包括自动驾驶汽车及企业自身后台的系统漏洞、计算机病毒、网络攻击、网络侵入等安全风险。数据安全事故包括数据泄露、篡改、丢失等。

【相关法律规定】

[引用条文]

《深圳经济特区智能网联汽车管理条例》第四十七条第一款

智能网联汽车相关企业应当依照国家相关规定，制定数据安全管理制度和隐私保护方案，采取措施防止数据的泄露、丢失、损毁，并将存储数据的服务器设在中华人民共和国境内。未经批准，不得向境外传输、转移相关数据信息。

[参考条文]

（一）《个人信息保护法》第五十七条

发生或者可能发生个人信息泄露、篡改、丢失的，个人信息处理者应当立即采取补救措施，并通知履行个人信息保护职责的部门和个人……

（二）《网络安全法》第二十五条

网络运营者应当制定网络安全事件应急预案，及时处置系统漏洞、计算机病毒、网络攻击、网络侵入等安全风险；在发生危害网络安全的事件时，立即启动应急预案，采取相应的补救措施，并按照规定向有关主管部门报告。

（三）《数据安全法》第三十六条

……非经中华人民共和国主管机关批准，境内的组织、个人不得向外国司法或者执法机构提供存储于中华人民共和国境内的数据。

（四）《信息安全技术　个人信息安全规范》第10.1条

发生个人信息安全事件后，个人信息控制者应记录事件内容，包括但不限于：发现事件的人员、时间、地点，涉及的个人信息及人数，发生事件的系统名称，对其他互联系统的影响，是否已联系执法机关或有关部门。

第十一章　交通违法和事故处理

第六十一条　适用情形

依法登记的自动驾驶汽车发生道路交通安全违法情形或者交通事故的，适用本章规定。未经依法登记的自动驾驶汽车发生道路交通安全违法情形或者交通事故的，参照适用本章的有关规定。

本章未规定的，适用道路交通安全相关法律、法规的规定。

【解读】

（1）本条来源。本条设计参考了《深圳经济特区智能网联汽车管理条例》第五十条、《无锡市车联网发展促进条例》第四十条第三款、《上海市浦东新区促进无驾驶人智能网联汽车创新应用规定》第二十八条的规定，遵循了特别法优先于普通法适用的原则。

（2）主要内容。本条规定了交通违法和事故处理的适用范围，并根据自动驾驶汽车的登记情形加以区分，并以道路交通安全法律、法规作为兜底，确保法律适用覆盖全面。

【相关法律规定】

[参考条文]

（一）《深圳经济特区智能网联汽车管理条例》第五十条

依法登记的智能网联汽车发生道路交通安全违法情形或者交通事故的，适用本章规定。

（二）《无锡市车联网发展促进条例》第四十条第三款

使用智能网联汽车在道路测试、示范应用、商业运营过程中发生的交通违法行为和交通事故，由公安机关依照道路交通安全法律、法规进行认定和处理。

（三）《上海市浦东新区促进无驾驶人智能网联汽车创新应用规定》第二十八条

无驾驶人智能网联汽车在开展创新应用期间发生交通违法行为的，由公安机关按照道路交通安全法律、法规对车辆所有人或者管理人进行处理。

第六十二条　交通违法主体分级处理规则

有条件自动驾驶的自动驾驶汽车发生道路交通安全违法情形时，若驾驶员或随车安全员未尽合理注意义务，未及时响应系统请求接管车辆控制的，由公安机关交通管理部门依法对驾驶员或随车安全员进行处理。

高度自动驾驶的自动驾驶汽车发生道路交通安全违法情形时，若远程安全员未尽合理注意义务的，由公安机关交通管理部门依法对远程安全员进行处理。

完全自动驾驶的自动驾驶汽车发生道路交通安全违法情形时，由公安机关交通管理部门依法对自动驾驶汽车生产者或自动驾驶运输经营者进行处理。

【解读】

（1）本条来源。本条引用了《深圳经济特区智能网联汽车管理条例》第五十一条的规定。

（2）主要内容。本条基于分级处理原则，对不同等级自动驾驶汽车的交通违法处理做了原则性规定，明确了不同的责任主体。针对有人驾控的自动驾驶汽车发生道路交通安全违法情形，根据侵权责任原则，应当由侵权人承担相应责任。而针对完全自动驾驶的汽车，因不存在驾驶人，故根据"谁受益、谁担责"的原则，应当由完全自动驾驶汽车的"运行利益"归属者即自动驾驶汽车生产者、自动驾驶汽车运营者承担责任。

【相关法律规定】

［引用条文］

《深圳经济特区智能网联汽车管理条例》第五十一条

有驾驶人的智能网联汽车发生道路交通安全违法情形的，由公安机关交通管理部门依法对驾驶人进行处理。

完全自动驾驶的智能网联汽车在无驾驶人期间发生道路交通安全违法情形的，由公安机关交通管理部门依法对车辆所有人、管理人进行处理。

依照本条第二款规定处理交通违法，对违法行为人的处罚不适用驾驶人记分的有关规定。

第六十三条　交通违法数据上报

自动驾驶汽车发生交通事故的，驾驶员或安全员应当将事故过程信息上传至统一监管平台。

【解读】

（1）本条来源。本条设计参考了《深圳经济特区智能网联汽车管理条例》第五十二条、《上海市浦东新区促进无驾驶人智能网联汽车创新应用规定》第二十七条的规定。

（2）主要内容。为更好地查明事故情况，针对驾驶汽车发生交通事故的情形，应赋予驾驶员或安全员将事故过程信息上传至统一监管平台的义务。

【相关法律规定】

[参考条文]

（一）《深圳经济特区智能网联汽车管理条例》第五十二条第二款

完全自动驾驶的智能网联汽车在无驾驶人期间发生交通事故的，当事人应当立即报警，车辆所有人、管理人应当保存事故过程信息。

（二）《上海市浦东新区促进无驾驶人智能网联汽车创新应用规定》第二十七条第一款

开展创新应用期间……事故视频信息上传至指定的数据平台。

第六十四条　责任分级划分规则

有条件自动驾驶的自动驾驶汽车因驾驶员或随车安全员未尽安全义务，导致交通事故造成损害的，由驾驶员或随车安全员承担赔偿责任，但驾驶员或随车安全员为自动驾驶运输经营方员工的，由相关经营实体承担最终赔偿责任。

高度自动驾驶的自动驾驶汽车因远程安全员未尽安全义务，导致交通事故造成损害的，由远程安全员承担赔偿责任，但远程安全员为自动驾驶运输经营方员工的，由相关经营实体承担赔偿责任。

完全自动驾驶的自动驾驶汽车发生交通事故造成损害，或自动驾驶汽车因自动驾驶系统故障导致交通事故造成损害的，由自动驾驶系统运营者、自动驾驶汽车生产者、自动驾驶运输运营者等承担不真正连带赔偿责任。

因网络攻击或其他交通参与者、网络通信服务提供者、高精度地图服务提供者等第三方过错，导致交通事故造成损害的，由相应过错方承担赔偿责任。因自动驾驶系统故障，导致交通事故造成损害的，不由个人承担相关责任。

【解读】

（1）本条来源。本条设计参考了《深圳经济特区智能网联汽车管理条例》第五十三条、《上海市浦东新区促进无驾驶人智能网联汽车创新应用规定》第二十九条的规定。

（2）主要内容。本条规定了自动驾驶汽车发生交通事故造成损害时的分级责任划分规则。首先，根据事故发生原因是否具有人为因素将事故划分为自动驾驶系统致害事故和非自动驾驶系统致害事故。自动驾驶系统致害事故不由个人承担责任。其次，将非自动驾驶系统致害事故按照有条件、高度和完全自动驾驶等级分类讨论。其中，有条件自动驾驶情形下，驾驶人或安全员负有较大安全义务，其因违反安全操守导致事故的，理应由其承担责任。高度自动驾驶情形下仅安全员负有一定安全义务，其因违反安全操守导致事故的，理应由其承担责任。完全自动驾驶情形下，车辆行驶完全依赖系统，不应由个人承担责任。

（3）有条件自动驾驶阶段事故责任设计理由：在有条件自动驾驶阶段，由于车辆的驾驶需要存在现实的驾驶人，各地对此种情况下发生交通事故的责任分配，规定一致性较高，《深圳经济特区智能网联汽车管理条例》第五十三条和《重庆市智能网联汽车道路测试与应用管理试行办法》第三十三条皆要求驾驶人承担第一责任，生产企业有过错的可以追偿。同时，根据《汽车驾驶自动化等级》规定，在有条件自动驾驶阶段，驾驶人依然作为动态驾驶任务后援主体，需要对该驾驶任务负责。

（4）完全自动驾驶阶段事故责任设计理由：完全自动驾驶情况下，交通事故责任分配规定的分歧较大，《上海市浦东新区促进无驾驶人智能网联汽车创新应用规定》第二十九条和《上海市智能网联汽车测试与应用管理办法》第四十三条规定，在无人驾驶期间发生交通事故的，由生产者先行赔偿；而根据《深圳经济特区智能网联汽车管理条例》第五十三条的规定，则要求车辆所有人、管理人承担第一责任。从条款目的上分析，前者立足于消费者权益保护，而后者则基于车辆所有人、管理人对汽车的所有权、控制权，是从法理角度对交通事故责任进行分配。在架构相关规定时，应当更多地关注交易的安全性和公众的整体利益，因此在完全自动驾驶情况下，本法认为保护消费者利益的目的追求应当先于基于所有权和控制权而产生的权益，在交通事故发生时，依法应由自动驾驶汽车一方承担责任的，应当由车辆的生产者承担第一责任。

【相关法律规定】

[引用条文]

（一）《深圳经济特区智能网联汽车管理条例》第五十三条

有驾驶人的智能网联汽车发生交通事故造成损害，属于该智能网联汽车一方责任的，由驾驶人承担赔偿责任。

完全自动驾驶的智能网联汽车在无驾驶人期间发生交通事故造成损害，属于该智能网联汽车一方责任的，由车辆所有人、管理人承担赔偿责任。

（二）《上海市浦东新区促进无驾驶人智能网联汽车创新应用规定》第二十九条第一款

无驾驶人智能网联汽车在开展创新应用期间发生交通事故的，由公安机关交通管理部门按照道路交通安全法律、法规进行交通事故责任认定。

[参考条文]

（一）《重庆市智能网联汽车道路测试与应用管理试行办法》第三十三条

发生交通安全违法行为的……按照现行道路交通安全法律法规对驾驶人进行处理……

（二）《上海市智能网联汽车测试与应用管理办法》第四十三条第二款

智能网联汽车在自动驾驶模式下发生交通事故并造成损害，经认定属于智能网联汽车一方责任的，由开展智能网联汽车测试与应用活动的单位依法先行承担相应的赔偿责任，并可依法向相关责任方追偿。

第六十五条　交通违法行为及事故责任的认定依据

自动驾驶汽车车载设备、路侧设备、监管平台等记录的车辆运行状态和周边环境的客观信息，经公安机关交通管理部门调查核实无误后，可以作为认定自动驾驶汽车交通违法行为和交通事故责任的重要依据。

【解读】

（1）本条来源。本条设计参考了《深圳经济特区智能网联汽车管理条例》第五十五条、《上海市浦东新区促进无驾驶人智能网联汽车创新应用规定》第二十九条的规定。

（2）主要内容。本条规定了自动驾驶汽车交通违法行为和交通事故责任的认定依据。相较于传统汽车，自动驾驶汽车具有信息化、电子化等特征，因此，其汽车车载设备、路侧设备、监管平台等记录的车辆运行状态和周边环境的客观信息，均可以作为认定交通违法行为和交通事故责任的重要依据。但是，为了保证数据的严谨性，所有数据应当经过公安机关交通管理部门调查核实无误，方具有证明效力。

【相关法律规定】

[参考条文]

（一）《深圳经济特区智能网联汽车管理条例》第五十五条

智能网联汽车车载设备、路侧设备、监管平台等记录的车辆运行状态和周边环境的客观信息，可以作为认定智能网联汽车交通事故责任的重要依据。

（二）《上海市浦东新区促进无驾驶人智能网联汽车创新应用规定》第二十九条第一款

无驾驶人智能网联汽车在开展创新应用期间发生交通事故的，由公安机关交通管理部门按照道路交通安全法律、法规进行交通事故责任认定。

第十二章　保险与社会保障

第六十六条　促进保险产品开发

鼓励保险机构开发适应自动驾驶汽车特点的保险产品，为自动驾驶汽车企业提供保险服务；鼓励自动驾驶汽车企业与保险公司合作，共同开发适应自动驾驶汽车特性的保险产品。

【解读】

（1）本条来源。本条无直接引用来源，本条参照《北京市自动驾驶汽车条例（征求意见稿）》设计。

（2）任务和目的。本条旨在激励保险机构积极开展自动驾驶汽车保险业务，加强与自动驾驶汽车生产企业合作，不断开发适应自动驾驶汽车特色及技术发展趋势的新型保险产品。

【相关法律规定】

[参考条文]

《北京市自动驾驶汽车条例（征求意见稿）》第三十五条第二款

鼓励保险机构开发适应自动驾驶汽车特点的保险产品，为自动驾驶汽车企业提供保险服务。鼓励自动驾驶汽车企业与保险公司合作，共同开发适应自动驾驶汽车特性的保险产品。

第六十七条　保险双轨制度

自动驾驶汽车生产者应为自动驾驶汽车投保产品责任险。在境内道路上行驶的自动驾驶汽车的所有人或者管理人，应当投保自动驾驶交通事故强制险。

【解读】

（1）本条来源。本条无直接引用来源，本条参考了《北京市自动驾驶汽车条例（征求意见稿）》的相关条款。

（2）任务和目的。本条旨在明确自动驾驶汽车的"双轨"保险制度，所谓"双轨"保险制度，即同时引入产品责任险和自动驾驶交通事故强制险两个险种，并分别依据归责原则，由自动驾驶汽车生产者和消费者分别购买。

（3）自动驾驶交通事故强制险。自动驾驶交通事故责任强制险是对现有机动车交通事故责任强制险的调整与改良（以下简称交强险）。原有交强险以责任赔偿为基本逻辑，换言之，驾驶员的过错责任是交强险设计及赔偿的重要依据。在自动驾驶情形下，自动驾驶系统取代了驾驶员，自动驾驶系统承担了主要驾驶责任，在这一背景下，应在原有交强险的基础上逐步弱化驾驶员有责模式，改为驾驶员无责赔偿模式，因此，应将原交强险中的"责任"二字剔除。换言之，自动驾驶模式下，不以驾驶员责任为赔偿前提。

同时，为明确保险投保主体，需要首先明晰交强险的制度目的。交强险设计之初旨在平衡机动车所有者与非机动车所有者以及行人之间的利益，带有社会利益属性，其赔偿目的在于优先救济受害人，而非追究侵权损害责任。基于此，自动驾驶汽车车辆所有人、管理人自然可以成为自动驾驶下交强险的投保人。其次，如果将自动驾驶交通事故强制险设计为自动驾驶汽车生产者投保则为生产者附加了过重保险责任以及经济负担，自动驾驶汽车生产者也难以跟踪售后汽车是否持续购买交强险，不利于交强险社会利益的实现。最后，免除自动驾驶汽车所有人、管理人的投保义务使得其责任承担过少，不利于其理性、谨慎利用自动驾驶汽车。因此，自动驾驶交通事故强制险应由车辆所有人、管理人，也即消费者负担。[1]

（4）强制。自动驾驶汽车产品责任险和自动驾驶交通事故强制险均实施强制保险机制，旨在降低自动驾驶汽车生产者以及所有者、管理者的相关道德风险。

【相关法律规定】

[参考条文]

《北京市自动驾驶汽车条例（征求意见稿）》第三十五条第二款

鼓励保险机构开发适应自动驾驶汽车特点的保险产品，为自动

---

[1] 郑志峰：《论自动驾驶汽车的责任保险》，载《荆楚法学》2022年第5期。

驾驶汽车企业提供保险服务。鼓励自动驾驶汽车企业与保险公司合作，共同开发适应自动驾驶汽车特性的保险产品。

第六十八条　补充商业保险制度

开展自动驾驶运输经营活动的，应投保一定责任限额的承运人责任险。搭乘自动驾驶运输交通工具的，可以投保一定责任限额的意外伤害险。

自动驾驶汽车所有人、管理人可以投保一定责任限额的其他交通事故责任商业保险或者向金融机构开立一定额度的交通事故赔偿保函。

鼓励保险机构开发适应自动驾驶汽车特点的保险产品，为自动驾驶汽车企业提供保险服务。鼓励自动驾驶汽车企业与保险公司合作，共同开发适应自动驾驶汽车特性的保险产品。

【解读】

（1）本条来源。本条参考了《北京市自动驾驶汽车条例（征求意见稿）》第三十五条的规定。

（2）任务和目的。本条旨在建立补充商业保险制度，明确不同主体对不同保险种类的投保义务，明确鼓励开发适应自动驾驶汽车特点的新型保险产品。

【相关法律规定】

［参考条文］

《北京市自动驾驶汽车条例（征求意见稿）》第三十五条

申请利用自动驾驶汽车开展创新活动的，应当按照国家规定投保机动车交通事故责任强制保险、承运人责任险、乘客意外伤害险，以及投保一定责任限额的其他交通事故责任商业保险或者向金融机构开立一定额度的交通事故赔偿保函。

鼓励保险机构开发适应自动驾驶汽车特点的保险产品，为自动驾驶汽车企业提供保险服务。鼓励自动驾驶汽车企业与保险公司合作，共同开发适应自动驾驶汽车特性的保险产品。

第六十九条　专项基金制度

自动驾驶汽车道路交通事故社会救助基金是指依法筹集，用于垫付自动驾驶汽车道路交通事故中受害人人身伤亡的丧葬费用、部分或者全部抢救费用的社会专项基金。

除政府财政资金外，自动驾驶汽车产品责任险及自动驾驶交通事故强制险中的百分之五应用以设立自动驾驶汽车道路交通事故社会救助基金。

自动驾驶汽车道路交通事故社会救助基金由财政部门组织管理，并由其向道路交通事故责任人追偿。

【解读】

（1）本条来源。本条参考了《道路交通事故社会救助基金管理办法》的相关规定。

（2）任务和目的。本条旨在建立自动驾驶汽车道路交通事故救济基金机制。

（3）自动驾驶汽车道路交通事故社会救助基金。社会救助基金一般分为政府性基金、商业性基金和公益性基金。从交通事故救助的属性来看，其具有公共性、公益性的特征，一般属于政府性基金，由政府统筹筹措和管理使用。自动驾驶汽车发展具有一定的安全隐患、较大的道德风险和社会风险，由政府统一设置相关基金有利于平衡各类风险，提高救助效率。

【相关法律规定】

［参考条文］

《道路交通事故社会救助基金管理办法》第二条

道路交通事故社会救助基金的筹集、使用和管理适用本办法。

本办法所称道路交通事故社会救助基金（以下简称救助基金），是指依法筹集用于垫付机动车道路交通事故中受害人人身伤亡的丧葬费用、部分或者全部抢救费用的社会专项基金。

第七十条　新兴职业就业促进

人力资源和社会保障部应会同工业和信息化部、公安部、交通运输部等相关部门，建立与国家职业资格制度相衔接、与终身职业技能培训制度相适应，并与使用相结合、与待遇相匹配的自动驾驶汽车安全员人才职业技能等级制度。

各级人力资源和社会保障部门应为需要参加自动驾驶汽车安全员培训，并长期从事客运、货运等经营性交通运输服务的驾驶员提供必要支持。

提供自动驾驶运输服务的企业在招募安全员时，应在同等条件的情况下，优先考虑道路运输驾驶经验丰富，已通过相应职业技能及安全培训，取得相应证明的人员。

【解读】

（1）本条来源。本条参考了《关于健全完善新时代技能人才职业技能等级制度的意见（试行）》的相关规定。

（2）任务和目的。本条旨在建立自动驾驶汽车安全员职业技能培训认定制度，为传统运输行业驾驶员提供职业转型支持。充分发挥新兴技术产业的就业吸纳效应，缓解其给传统产业就业群众带来的冲击影响。

【相关法律规定】

[参考条文]

《关于健全完善新时代技能人才职业技能等级制度的意见（试行）》第三条

……全面推行职业技能等级认定，普遍建立与国家职业资格制度相衔接、与终身职业技能培训制度相适应，并与使用相结合、与待遇相匹配的新时代技能人才职业技能等级制度……

第七十一条　网约车从业人员失业保险制度

依托网络约车平台实现就业，但未与平台或机构等相关企业建立劳动关系的灵活就业人员可在办理就业登记后，自愿缴纳失业保险，符合法定失业条件的，参照《失业保险条例》享受失业保险待遇。

【解读】

（1）本条来源。本条参考了《广东省灵活就业人员参加失业保险办法》的相关规定。

（2）任务和目的。本条旨在补充完善失业保险制度，将受自动驾驶汽车影响最大的网络约车、网络送餐、快递物流等从业群体纳入失业保险救济体系中。新兴技术产业就业吸纳效应的效用发挥需要时间，这一阶段需要配套相应的失业救济与再就业促进兜底措施，为失业群体纾难解困。

【相关法律规定】

[参考条文]

《广东省灵活就业人员参加失业保险办法》第二条

本办法中灵活就业人员，是指法定劳动年龄内在我省从业的下列人员：依托电子商务、网络约车、网络送餐、快递物流等新业态平台实现就业、但未与平台或机构等相关企业建立劳动关系的人员，以及无雇工的个体工商户等。

第七十二条 动态预警与再就业支持

人力资源和社会保障部应组建全国就业信息动态库，重点监测受自动驾驶汽车冲击较大的相关就业群体，定期发布失业状况预警。

对前款规定的失业人员，各级人力资源和社会保障部门应为其再就业提供就业信息、技能培训、交通补助等支持。

【解读】

（1）本条来源。本条参考了《人工智能发展如何影响劳动力就业?》一文。[1]

（2）任务和目的。本条旨在建立自动驾驶技术就业冲击动态预警机制，及时掌握受冲击较大群体，并有针对性地为其再就业提供信息、培训及补助支持，缓解自动驾驶技术的替代性影响。

---

〔1〕 张旭等：《人工智能发展如何影响劳动力就业?》，载《烟台大学学报（哲学社会科学版）》2024年第6期。

第七十三条　附条件基本收入保障制度

因受自动驾驶汽车直接影响而失业，且超过五年未再就业的客运、货运等经营性运输服务从业人员，可在经人力资源和社会保障部门审批后，每月领取长期失业基本生活保障金。

长期失业基本生活保障金不高于当地最低工资标准，具体金额标准由各省（市、区）人力资源和社会保障部门另行制定。

长期失业基本生活保障金发放年限一般不超过五年，对残疾人、怀孕期的妇女等生活存在严重困难的，经认定后可适度延长发放年限。

长期失业基本生活保障金发放年限内再就业的，自就业之日起终止长期失业基本生活保障金发放。

【解读】

任务和目的。本条旨在建立自动驾驶技术就业冲击下的长期失业人员基本保障制度。随着自动驾驶汽车运输服务的铺开，将不可避免地产生一部分长期失业群体，对于这部分群体可以参照芬兰、加拿大等国"无条件基本收入"制度，建立符合我国基本国情的"长期失业基本生活保障金"制度予以兜底，专门为满足特定条件的长期失业群体提供基本生活保障。

第七十四条　自动驾驶汽车运营所得附加税

开展自动驾驶汽车运输经营活动的企业，为自动驾驶汽车运营所得附加税纳税主体。

纳税主体在其应缴纳的企业所得税率基础上，增加 1% 附加税率。

【解读】

任务和目的。本条旨在建立自动驾驶汽车运营所得附加税。为缓解自动驾驶技术带来的就业冲击，势必需要大量的财政资金投入，用于促进失业人群再就业或提供基本生活保障，因此，有必要扩大税源，用财税手段平衡自动驾驶技术带来的收入分配不公平问题，用转移支付形式缓解社会矛盾，促进社会公平，保障产业健康发展。

第十三章 法律责任

第七十五条 违法生产销售质量不达标产品

违反本法第十九条、第二十条规定的，生产、销售质量不达标自动驾驶汽车的，按照《中华人民共和国产品质量法》相关规定处罚。

【解读】

（1）本条来源。本条无直接引用来源，本条参照《产品质量法》罚则部分设计。

（2）主要内容。本条规定了违法生产销售存在产品质量自动驾驶汽车的法律后果。因我国已有《产品质量法》对产品质量问题进行了详细规定，因此，没有必要进行重复规定。

【相关法律规定】

[参考条文]

《产品质量法》第四十九条

生产、销售不符合保障人体健康和人身、财产安全的国家标准、行业标准的产品的，责令停止生产、销售，没收违法生产、销售的产品，并处违法生产、销售产品（包括已售出和未售出的产品，下同）货值金额等值以上三倍以下的罚款；有违法所得的，并处没收违法所得；情节严重的，吊销营业执照；构成犯罪的，依法追究刑事责任。

第七十六条　违反营销限制规定

自动驾驶汽车生产者、销售者违反本法第二十三条规定，采用虚假表述、混淆表述、偷换概念及其他足以使消费者对不同程度的自动驾驶功能或辅助功能产生混淆的方式进行营销的，参照《中华人民共和国广告法》第五十五条处罚。

【解读】

本条借鉴《英国自动驾驶汽车法案》第七十八条的相关规定。《英国自动驾驶汽车法案》创造性地设置了营销限制规则，并为其附设了相关罚则，包括罚款及追究个人刑事责任。但考虑到自动驾驶技术作为一项新兴技术，应给予审慎监管，以及基于刑罚谦抑性的需要，本条未吸纳《英国自动驾驶汽车法案》中关于追究个人刑事责任的规定，而是将其比照虚假广告予以规制。

【相关法律规定】

[参考条文]

（一）《英国自动驾驶汽车法案》第七十八条

（1）The Secretary of State may, byregulations, specify words, expressions, symbols or marks as appropriate for use in connection with road vehicles only if used in connection with authorised automated vehicles （whether generally or of a description given in the regulations）.

（2）A person commits an offence if—

（a）the person uses, or causes or permits the use of, a restricted term in connection with the promotion or supply of a road vehicle,

（b）the person is acting in the course of business,

（c）the use of the restricted term is directed at an end-user or potential end-user of the vehicle,

（d）it is reasonable to anticipate that the use of the term will come to the attention of an end-user or potential end-user of the vehicle in Great Britain, and

（e）the vehicle is not an appropriate vehicle.

（3）A person commits an offence if—

（a）the person uses, or causes or permits the use of, a restricted term in connection with the promotion or supply of a product intended for use as equipment of a road vehicle,

（b）the person is acting in the course of business,

（c）the use of the restricted term is directed at an end-user or potential end-user of a road vehicle,

（d）it is reasonable to anticipate that the use of the term will come to the attention of an end-user or potential end-user of a road vehicle in Great Britain, and

（e）the restricted term is not used specifically in relation to the use of the product as equipment of an appropriate vehicle.

......

（1）国务大臣可以根据法规，指定与车辆相关的适当的文字、表述、符号或标记。

（2）一个人在以下情况下即构成违法——

（a）该人使用、导致或允许使用与道路车辆的促销或供应有关的限制性术语，

（b）该人是在业务过程中使用，

（c）该限制性术语的使用是针对车辆的终端用户或潜在终端用户，

（d）可以合理地预期该术语的使用将引起英国境内的车辆终端用户或潜在终端用户的注意，并且

（e）该车辆不是适当的车辆。

（3）如有以下情况，即构成违法——

（a）该人在推广或供应拟用作道路车辆设备的产品时使用、导致或允许使用限制性术语，

（b）该人是在业务过程中使用，

（c）该限制性术语的使用是针对车辆的终端用户或潜在终端用户，

（d）可以合理地预期该术语的使用将引起在英国境内的车辆终端用户或潜在终端用户的注意，并且

（e）该限制性术语并非专门针对将产品用作适当的车辆的设备而使用。

……

第七十七条　违反安全生产制度、运输安全保障机制和应急处置机制

自动驾驶系统运营者、自动驾驶汽车产品生产者、销售者违反本法第二十六条的规定，未建立安全生产制度、运输安全保障机制和应急处置机制的，由有关部门依法责令限期改正；逾期未改正的，处以五万元以上五十万元以下罚款。

【解读】

本条来源。本条设计参考了《深圳经济特区智能网联汽车管理条例》第六十条的规定，但将技术支持或救援服务机制改为安全生产制度、运输安全保障机制和应急处置机制。

【相关法律规定】

[参考条文]

《深圳经济特区智能网联汽车管理条例》第六十条

智能网联汽车产品生产者、销售者违反本条例第三十一条第二款的规定，未建立技术支持或者救援服务机制的，由有关部门依法责令限期改正；逾期未改正的，处以五万元以上五十万元以下罚款。

第七十八条　违法生产销售未入列产品

违反本法第三十五条的规定，销售未列入国家汽车产品目录的自动驾驶汽车产品的，应立即停止销售相关产品，并处以违法所得利润一倍以上三倍以下罚款。

【解读】

（1）本条来源。本条设计参考了《深圳经济特区智能网联汽车管理条例》第五十七条的规定。

（2）主要内容。本条规定了违法生产销售产品的法律后果。违法生产销售产品系严重违法行为，应当对违法生产销售产品的主体进行行政处罚。

【相关法律规定】

[参考条文]

《深圳经济特区智能网联汽车管理条例》第五十七条

违反本条例第二十条第三款的规定，销售未列入国家汽车产品目录或者深圳市智能网联汽车产品目录的产品的，由市场监管部门没收非法销售的智能网联汽车产品，并处以非法产品价值三倍以上五倍以下罚款。

第七十九条　违反道路测试、示范应用和示范运营

违反本法第三十九条的规定，擅自开展道路测试、示范应用和示范运营的，由公安交管部门扣押用于道路测试或者示范应用的自动驾驶汽车，对道路测试、示范应用或示范运营主体处以十万元以上五十万元以下罚款。

【解读】

（1）本条来源。本条设计参考了《深圳经济特区智能网联汽车管理条例》第五十六条的规定。

（2）主要内容。本条规定了违反道路测试和示范应用的法律后果。违反道路测试和示范应用系严重违法行为，应当对擅自进行道路测试或者示范应用的主体进行行政处罚。

【相关法律规定】

［参考条文］

《深圳经济特区智能网联汽车管理条例》第五十六条

违反本条例第十四条的规定，擅自开展道路测试或者示范应用的，由市公安机关交通管理部门扣押用于道路测试或者示范应用的智能网联汽车，对道路测试或者示范应用主体处以十万元以上五十万元以下罚款。

第八十条　违法申请准入

自动驾驶汽车产品生产者隐瞒有关情况或者提供虚假材料办理产品准入的，行政机关不予受理或者不予准入，并给予警告、罚款等处罚；自处罚决定生效之日起一年内不再受理同一生产者提出的自动驾驶汽车产品准入申请。

【解读】

（1）本条来源。本条设计参考了《深圳经济特区智能网联汽车管理条例》第五十八条的规定。

（2）主要内容。本条规定了违法申请准入的法律后果。自动驾驶汽车产品生产者隐瞒有关情况或者提供虚假材料办理产品准入的行为系严重违法行为，应当对行为主体进行行政处罚。同时，为达到惩戒效果，需要对其进行限制规定。

【相关法律规定】

[参考条文]

《深圳经济特区智能网联汽车管理条例》第五十八条

智能网联汽车产品生产者隐瞒有关情况或者提供虚假材料办理智能网联汽车产品准入的，由市工业和信息化部门给予警告，自处罚决定生效之日起一年内不再受理同一生产者提出的智能网联汽车产品准入申请。

第八十一条　违法取得准入

自动驾驶汽车产品生产者以欺骗、贿赂等不正当手段取得自动驾驶汽车产品准入的，由工业和信息化部门撤销产品准入，给予警告、罚款等处罚；自处罚决定生效之日起三年内不再受理同一生产者提出的自动驾驶汽车产品准入申请，构成犯罪的，依法追究刑事责任。

【解读】

本条来源。本条设计参考了《深圳经济特区智能网联汽车管理条例》第五十九条的规定。

【相关法律规定】

[参考条文]

《深圳经济特区智能网联汽车管理条例》第五十九条

智能网联汽车产品生产者以欺骗、贿赂等不正当手段取得智能网联汽车产品准入的，由市工业和信息化部门撤销产品准入，给予警告，并处以五十万元以上一百万元以下罚款，自处罚决定生效之日起三年内不再受理同一生产者提出的智能网联汽车产品准入申请。

第八十二条　违反算法、网络数据安全规范

违反本法第八章至第十章中的算法、网络数据安全相关规定的，未依法履行相关义务的，按照相关法律法规规定处理。

【解读】

本条来源。本条设计参考了《深圳经济特区智能网联汽车管理条例》第六十二条的规定。由于我国当前对算法、网络数据安全与个人信息保护有着完善的法律法规规定，本条例无须再作重复性规定，只作牵引规定即可。

【相关法律规定】

[参考条文]

《深圳经济特区智能网联汽车管理条例》第六十二条

违反本条例第四十六条、第四十七条、第四十八条的规定，未依法保护网络和数据信息安全的，由有关部门依法予以处罚。

第十四章　附则

第八十三条　实施时间

本法自　年　月　日起施行。

附 录

附录一 关于自动驾驶汽车法的相关规定

一、国内法律法规					
（一）法律					
序号	颁布时间	颁布部门	法规名称	主要内容	备注
1	2015 年 8 月 29 日	全国人民代表大会常务委员会	《中华人民共和国促进科技成果转化法》	对促进科技成果转化为现实生产力作了一般规定	
2	2016 年 11 月 7 日	全国人民代表大会常务委员会	《中华人民共和国网络安全法》	对网络安全活动作了一般规定	
3	2018 年 12 月 29 日	全国人民代表大会常务委员会	《中华人民共和国产品质量法》	对加强产品质量的监督管理作了一般规定	
4	2020 年 5 月 28 日	全国人民代表大会常务委员会	《中华人民共和国民法典》	对侵权行为进行了一般规定	
5	2020 年 12 月 26 日	全国人民代表大会常务委员会	《中华人民共和国刑法》	对侵入计算机信息系统、侵犯个人信息犯罪等犯罪作了一般规定	
6	2021 年 4 月 29 日	全国人民代表大会常务委员会	《中华人民共和国道路交通安全法》	对自动驾驶汽车驾驶人等进行了一般规定	
7	2021 年 6 月 10 日	全国人民代表大会常务委员会	《中华人民共和国安全生产法》	对安全生产活动进行了一般规定	

序号	颁布时间	颁布部门	法规名称	主要内容	备注
8	2021 年 6 月 10 日	全国人民代表大会常务委员会	《中华人民共和国数据安全法》	对数据处理活动作了一般规定	
9	2021 年 11 月 1 日	全国人民代表大会常务委员会	《中华人民共和国个人信息保护法》	对个人信息处理活动作了一般规定	
10	2021 年 12 月 24 日	全国人民代表大会常务委员会	《中华人民共和国科学技术进步法》	对科学技术进步工作了一般规定	

（二）行政法规

序号	颁布时间	颁布部门	法规名称	主要内容	备注
1	2024 年 12 月 6 日	国务院	《互联网信息服务管理办法》	对互联网信息服务活动作了具体规定	
2	2016 年 2 月 6 日	国务院	《中华人民共和国电信条例》	对电信终端设备、无线电通信设备和涉及网间互联的设备作了具体规定	

（三）地方性法规

序号	颁布时间	颁布部门	法规名称	主要内容	备注
1	2017 年 11 月 30 日	广东省人民代表大会常务委员会	《广东省安全生产条例》	对广东省安全生产活动作了具体规定	
2	2022 年 6 月 30 日	深圳市人民代表大会常务委员会	《深圳经济特区智能网联汽车管理条例》	首部智能网联汽车地方性法规，对智能网联汽车的道路测试和示范应用、准入和登记、使用管理等方面作了规定	
3	2022 年 11 月 25 日	北京市人民代表大会常务委员会	《北京市数字经济促进条例》	对北京市数字经济促进相关活动作了具体规定	
4	2023 年 1 月 31 日	无锡市人民代表大会常务委员会	《无锡市车联网发展促进条例》	该条例的主要亮点是专设了"基础	

续表

序号	颁布时间	颁布部门	法规名称	主要内容	备注
				设施建设"一章，与无锡市此前出台的《智能网联道路基础设施建设指南》形成呼应，明确了随路建设与存量道路升级两个重点	
5	2023年10月9日	苏州市人民代表大会常务委员会	《苏州市智能车联网发展促进条例》	该条例就智能车联网产业发展、基础设施建设、推广应用、安全保障等作了具体规定	
6	2023年9月14日	阳泉市人民代表大会常务委员会	《阳泉市智能网联汽车管理办法》	该办法对道路测试、示范应用和示范运营、基础设施建设、法律责任等作了具体规定	名为"办法"实为"条例"
7	2024年4月3日	杭州市人民代表大会常务委员会	《杭州市智能网联车辆测试与应用促进条例》	对杭州市智能网联车辆道路测试、创新应用活动以及相关监督管理工作进行了规定	
8	2024年4月18日	武汉市人民代表大会常务委员会	《武汉市智能网联汽车发展促进条例（草案）》	对武汉市智能网联汽车产业创新、基础设施建设、推广应用、安全保障与支持促进等相关活动进行了规定	
9	2024年5月8日	合肥市司法局	《合肥市智能网联汽车应用条例（草案征求意见稿）》	对智能网联汽车产业创新、推广应用等作了规定	
10	2024年6月30日	北京市经济和信息化局	《北京市自动驾驶汽车条例（征求意见稿）》	国内首次使用"自动驾驶汽车"一词为法律法规命名，该法规的主要	

续表

序号	颁布时间	颁布部门	法规名称	主要内容	备注
				亮点是不预设自动驾驶汽车技术路线	

（四）部门规章

序号	颁布时间	颁布部门	法规名称	主要内容	备注
1	2010 年 12 月 29 日	国家知识产权局	《专利行政执法办法》	规定了专利工作主管部门以及处理专利侵权纠纷、调解专利纠纷、查处假冒专利行为时应遵循的原则和程序	
2	2017 年 1 月 6 日	工业和信息化部	《新能源汽车生产企业及产品准入管理规定》	对新能源汽车准入作了具体规定	
3	2018 年 11 月 27 日	工业和信息化部	《道路机动车辆生产企业及产品准入管理办法》	对机动车产品准入规则进行了具体规定	
4	2021 年 7 月 27 日	工业和信息化部、公安部、交通运输部	《智能网联汽车道路测试与示范应用管理规范（试行）》	旨在规范我国智能网联汽车道路测试与示范应用	
5	2021 年 8 月 16 日	国家互联网信息办公室等 5 部委	《汽车数据安全管理若干规定（试行）》	对汽车数据处理活动及其安全监管作了具体规定	
6	2021 年 12 月 28 日	国家互联网信息办公室等 13 部门	《网络安全审查办法》	对网络安全审查作了具体规定	
7	2021 年 12 月 31 日	国家互联网信息办公室、工业和信息化部、公安部、国家市场监督管理总局	《互联网信息服务算法推荐管理规定》	对应用算法推荐技术提供互联网信息服务活动作了具体规定	
8	2022 年 4 月 12 日	交通运输部、公安部、应急管理部	《道路运输车辆动态监督管理办法》	对道路运输车辆动态监管作了具体规定	

序号	颁布时间	颁布部门	法规名称	主要内容	备注
9	2022 年 6 月 5 日	国家市场监督管理总局、国家互联网信息办公室	《数据安全管理认证实施规则》	规定了对网络运营者开展网络数据收集、存储、使用、加工、传输、提供、公开等处理活动进行认证的基本原则和要求	
10	2023 年 9 月 7 日	科技部等 10 部委	《科技伦理审查办法（试行）》	对科技伦理审查作了具体规定	

（五）地方政府规章

序号	颁布时间	颁布部门	法规名称	主要内容	备注
1	2019 年 8 月 29 日	上海市人民政府	《上海市公共数据开放暂行办法》	对上海市公共数据开放活动作了具体规定	
2	2021 年 12 月 29 日	上海市人民政府	《上海市智能网联汽车测试与应用管理办法》	对上海市域范围内开展有条件、高度自动驾驶智能网联汽车道路测试、示范应用、示范运营、商业化运营活动等方面作了规定	
3	2022 年 1 月 26 日	重庆市人民政府	《重庆市智能网联汽车道路测试与应用管理试行办法》	对重庆市智能网联汽车道路测试和应用活动作了具体规定	
4	2022 年 11 月 23 日	上海市浦东新区人民政府	《上海市浦东新区促进无驾驶人智能网联汽车创新应用规定》	划定了测试和应用活动开展路段、区域，明确了开展无驾驶人智能网联汽车道路测试、示范应用、示范运营、商业化运营的具体要求	

序号	颁布时间	颁布部门	法规名称	主要内容	备注
5	2023 年 6 月 29 日	上海市浦东新区人民政府	《浦东新区促进无人驾驶装备创新应用若干规定》	对如何规范和促进浦东新区无人驾驶装备创新应用作了具体规定	

（六）规范性文件

序号	颁布时间	颁布部门	法规名称	主要内容	备注
1	2020 年 11 月 12 日	北京市交通委员会等	《北京市自动驾驶车辆道路测试管理实施细则（试行）》	对北京市自动驾驶汽车开展道路测试所需相关申请条件进行了细化规定	
2	2020 年 2 月 24 日	国家发展改革委等11部委	《智能汽车创新发展战略》	提出了我国智能汽车发展中长期目标	
3	2021 年 7 月 30 日	工业和信息化部	《关于加强智能网联汽车生产企业及产品准入管理的意见》	对加强智能网联汽车市场准入管理作了更加细化的规定	
4	2021 年 9 月 1 日	柳州市大数据发展局	《柳州市智能网联汽车道路测试与示范应用管理实施细则》	明确规定了柳州市智能网联汽车道路测试和示范应用管理措施，明确了测试与示范应用路段	
5	2022 年 4 月 8 日	中央网信办秘书局	《关于对部分互联网企业的算法安全能力开展现场检查的通知》	为《互联网信息服务算法推荐管理规定》落地见效，提出细化措施	
6	2022 年 8 月 25 日	自然资源部	《关于促进智能网联汽车发展维护测绘地理信息安全的通知》	对维护智能网联汽车测绘地理信息安全进行了具体规定	
7	2023 年 2 月 16 日	合肥市人民政府办公室	《关于印发合肥市进一步促进新能源汽车和智能网联汽车推广应用若干政策的通知》	就支持智能网联测试应用作了资金奖励规定	
8	2023 年 2 月 21 日	深圳市发展和改革委员会	《深圳市数据交易管理暂行办法》	对深圳市数据交易场所内进行的数据交易及其相关管理活动作了具体规定	

序号	颁布时间	颁布部门	法规名称	主要内容	备注
9	2023 年 3 月 1 日	中国（上海）自由贸易试验区临港新片区管理委员会	《中国（上海）自由贸易试验区临港新片区促进无驾驶人智能网联汽车创新应用实施细则（试行）》	对临港新片区智能网联汽车道路测试、示范应用、示范运营、商业化运营等创新应用活动进行了细化规定	
10	2023 年 3 月 28 日	北京市规划和自然资源委员会	《北京市智能网联汽车高精度地图试点工作指导意见》	为北京市智能网联汽车高精度地图试点工作提供了指导意见	
11	2023 年 4 月 4 日	杭州市人民政府办公厅	《关于印发杭州市智能网联车辆测试与应用管理办法的通知》	对杭州市智能网联汽车测试与应用作了具体规定	
12	2023 年 11 月 17 日	工业和信息化部等 4 部委	《关于开展智能网联汽车准入和上路通行试点工作的通知》	对开展智能网联汽车准入和上路通行试点工作作了具体规定	
13	2023 年 11 月 21 日	交通运输部办公厅	《自动驾驶汽车运输安全服务指南（试行）》	对使用自动驾驶汽车在城市道路、公路等用于社会机动车通行的各类道路上，从事城市公共汽电车客运、出租汽车客运、道路旅客运输经营、道路货物运输经营等活动作了具体规定	
14	2023 年 11 月 26 日	海南省工业和信息化厅、海南省公安厅、海南省交通运输厅	《海南省智能汽车道路测试和示范应用管理办法（暂行）》	对海南省智能汽车道路测试和示范应用作了具体规定	
15	2023 年 11 月 29 日	江苏省人民代表大会常务委员会	《关于促进车联网和智能网联汽车发展的决定》	对促进车联网和智能网联汽车发展作了具体规定	

(七) 标准文件					
序号	颁布时间	颁布部门	法规名称	主要内容	备注
1	2020 年 3 月 6 日	国家市场监督管理总局	《信息安全技术 个人信息安全规范》（GB/T 35273-2020）	规定了开展收集、存储、使用、共享、转让、公开披露、删除等个人信息处理活动应遵循的原则和安全要求	
2	2021 年 8 月 20 日	工业和信息化部	《汽车驾驶自动化分级》（GB/T 40429—2021）	规定了汽车驾驶自动化分级遵循的原则、分级要素、各级别定义和技术要求框架	
3	2021 年 12 月 2 日	工业和信息化部	《基于车路协同的高等级自动驾驶数据交互内容》（YD/T 3978—2021）	规定了基于车路协同的 4 级驾驶自动化（L4）、5 级驾驶自动化（L5）的高等级自动驾驶的系统组成、典型应用和数据交互内容	
4	2021 年 12 月 31 日	中国智能交通产业联盟	《车路协同信息交互技术要求 第 1 部分：路侧设施与云控平台》（T/ITS 0180.1—2021）	明确了车路协同系统中路侧计算单元、路侧单元与云控平台之间的信息交互内容	
5	2022 年 4 月 15 日	中国网络安全审查技术与认证中心等	《网络数据处理安全要求》（GB/T 41479—2022）	对网络环境融合场景下数据活动的安全要求作出具体规定	

二、国外法律法规					
（一）国际条约					
序号	颁布时间	颁布部门	法规名称	主要内容	备注
1	2016 年 3 月 23 日	联合国欧洲经济委员会	《维也纳道路交通公约》（Vienna Convention for Road Traffic Geneva）	明确在符合技术标准的前提下可以将驾驶车辆的职责交给自动驾驶系统	
2	2020 年 6 月 25 日	联合国欧洲经济委员会	《ALKS 车道自动保持系统条例》（Automated LaneKeeping System）	首部针对"L3 级"自动化驾驶具有约束力的国际条约，涉及自动车道保持系统	
3	2022 年 6 月 22 日	联合国欧洲经济委员会	《UNR 157 法规修正案》（UN Regulation No.157）	对原条约中自动驾驶汽车的应用场景、车速上限作了扩充，不再局限于高速公路堵车、低速等环境	
（二）他国立法					
美国					
序号	颁布时间	颁布部门	法规名称	主要内容	备注
1	2011 年 6 月 17 日	内华达州	AB 511 法案	美国无人驾驶汽车立法的里程碑法案，对自动驾驶汽车的行驶条件、技术标准、运行报告、保险等作了具体规定	州级
2	2011 年 6 月 17 日	内华达州	SB 140 法案	自动驾驶汽车中操作人员不视为本法所规定的驾驶者	州级
3	2013 年 6 月 2 日	内华达州	SB 313 法案	禁止不符合条件的自动驾驶测试	州级
4	2017 年 6 月 16 日	内华达州	AB 69 法案	对自动驾驶术语进行定义，设定相应侵权损害责任及罚则	州级

续表

序号	颁布时间	颁布部门	法规名称	主要内容	备注
5	2012 年 9 月 25 日	加利福尼亚州	SB 1298 法案	在内华达州无人驾驶汽车法案的基础上，对无人驾驶汽车作了较为完善的规定	州级
6	2016 年 9 月 29 日	加利福尼亚州	AB 1592 法案	授权康特拉科斯塔交通运输局开展自动驾驶测试	州级
7	2017 年 4 月 28 日	加利福尼亚州	SB 1 法案	鼓励各市县在有条件的情况下升级交通基础设施，为自动驾驶提供基础设施保障	州级
8	2017 年 10 月 4 日	加利福尼亚州	AB 669 法案	开展自动驾驶汽车测试需持有相应驾驶证，并延长了测试项目期限	州级
9	2017 年 10 月 12 日	加利福尼亚州	AB 1444 法案	授权利弗莫尔阿马多尔山谷交通运输局开展自动驾驶测试	州级
10	2017 年 10 月 12 日	加利福尼亚州	SB 145 法案	授权自动驾驶汽车可以在无驾驶员情况下上路	州级
11	2018 年 9 月 21 日	加利福尼亚州	AB 1184 法案	对自动驾驶汽车旅行征收 3.25% 的税费	州级
12	2018 年 9 月 22 日	加利福尼亚州	AB 87 法案	自动驾驶汽车所有人、使用人必须持有有效许可上路	州级
13	2012 年 1 月 24 日	佛罗里达州	HB 1207 法案	对自动驾驶相关术语进行定义，并授权在特定条件下测试自动驾驶汽车	州级
14	2012 年 4 月 27 日	佛罗里达州	HB 599 法案	与 HB 1207 法案内容类似	州级
15	2016 年 4 月 4 日	佛罗里达州	HB 7027 法案	突破了驾驶的特性目的性及驾驶人在场性，允许有驾驶资格的人在州内道路上驾驶自动驾驶汽车	州级
16	2016 年 4 月 14 日	佛罗里达州	HB 7061 法案	定义自动驾驶技术及辅助卡车编队技术，并授权开展测试	州级

序号	颁布时间	颁布部门	法规名称	主要内容	备注
17	2019 年 3 月 6 日	佛罗里达州	HB 311 法案	对佛罗里达州自动驾驶汽车作了具体规定，也是美国州级立法中较为完善的一部法案	州级
18	2019 年 5 月 17 日	佛罗里达州	SB 7068 法案	开展交通基础设施多用途走廊计划	州级
19	2019 年 6 月 24 日	佛罗里达州	SB 2500 法案	为坦帕湾地区交通管理局拨款 250 万美元用于自动驾驶汽车服务研发创新	州级
20	2012 年 10 月 13 日	华盛顿特区	B19-0931 法案	该法案定义了各种自动驾驶技术的术语，并允许自动驾驶汽车在符合适当安全和道路标准的情况下运行。法案还详细说明了制造商的责任	州级
21	2018 年 11 月 18 日	华盛顿特区	B22-0901 法案	要求交通部门根据需要与其他地区机构或组织对本区自动驾驶汽车应用情况开展研究，评估自动驾驶汽车对该地区的影响并提出建议	州级
22	2018 年 3 月 22 日	华盛顿州	HB 2970 法案	针对该州自动驾驶汽车问题成立专门行政与立法工作组	州级
23	2015 年 5 月 6 日	田纳西州	SB 598 法案	禁止各级政府出台自动驾驶禁令	州级
24	2017 年 6 月 14 日	田纳西州	SB 151 法案	定义自动驾驶相关术语并修订相关驾驶要求，明确自动驾驶汽车法律责任	州级
25	2015 年 2 月 23 日	犹他州	HB 373 法案	授权开展网联汽车测试	州级
26	2018 年 2 月 15 日	犹他州	SB 56 法案	对 HB 373 法案进行修正	州级
27	2019 年 3 月 12 日	犹他州	SB 72 法案	定义网联汽车并允许主管部门收集网联车数据	州级

续表

序号	颁布时间	颁布部门	法规名称	主要内容	备注
28	2019 年 3 月 29 日	犹他州	HB 101 法案	定义与自动驾驶汽车相关的关键术语，并对本州自动驾驶汽车作出具体规定	州级
29	2015 年 3 月 23 日	北达科他州	HB 1065 法案	指出自动驾驶有利于减少事故发生、道路拥堵和死亡损害	州级
30	2017 年 4 月 13 日	北达科他州	HB 1202 法案	允许在高速公路上驾驶自动驾驶汽车并就车辆数据保护作出规定	州级
31	2019 年 4 月 11 日	北达科他州	HB 1418 法案	定义自动驾驶相关术语，并对自动驾驶汽车作出具体规定	州级
32	2017 年 7 月 21 日	北卡罗来纳州	HB 469 法案	对高速公路上驾驶自动驾驶车辆作了具体规定，并成立相关委员会	州级
33	2017 年 4 月 20 日	纽约州	SB 2005 法案	定义自动驾驶相关术语，允许开展自动驾驶汽车测试	州级
34	2018 年 4 月 2 日	纽约州	AB 9508 法案	对 SB 2005 法案进行了补充修订	州级
35	2017 年 3 月 22 日	得克萨斯州	HB 1791 法案	对网联系统进行了定义，并允许使用网联系统	州级
36	2017 年 6 月 15 日	得克萨斯州	SB 2205 法案	对自动驾驶相关术语进行定义，并允许使用自动驾驶系统	州级
37	2017 年 6 月 1 日	科罗拉多州	SB 213 法案	对自动驾驶相关术语进行定义，并允许开展自动驾驶汽车测试	州级
38	2019 年 5 月 31 日	科罗拉多州	SB 239 法案	交通管理部门需要和自动驾驶汽车生产企业组成工作组，对自动驾驶技术运营影响进行审查	州级
39	2017 年 6 月 27 日	康涅狄格州	SB 260 法案	对自动驾驶相关术语进行定义，并允许开展自动驾驶汽车测试	州级

序号	颁布时间	颁布部门	法规名称	主要内容	备注
40	2019 年 7 月 19 日	康涅狄格州	SB 924 法案	对 SB 260 法案进行修订，要求操作员必须在车里	州级
41	2017 年 6 月 20 日	佛蒙特州	HB 494 法案	建立自动驾驶汽车利益相关方会议讨论制度	州级
42	2019 年 5 月 29 日	佛蒙特州	SB 149 法案	建立自动驾驶汽车测试制度，计划在 2021 年前出台测试指南	州级
43	2016 年 12 月 13 日	密歇根州	SB 995/996/ 997/998 法案	允许在特定条件下应用自动驾驶汽车，并首次允许在无驾驶者的情况下由自动驾驶系统进行驾驶操作	州级
44	2016 年 4 月 7 日	宾夕法尼亚州	HB 1958 法案	定义相关术语并建立自动驾驶汽车咨询委员会	州级
45	2016 年 7 月 20 日	宾夕法尼亚州	SB 1267 法案	财政拨款 40,000,000 美元用于包括自动驾驶在内的智能交通建设	州级
46	2016 年 5 月 4 日	亚拉巴马州	SJR 81 法案	成立自动驾驶汽车立法委员会	州级
47	2019 年 5 月 30 日	亚拉巴马州	SB 47 法案	对自动驾驶相关术语进行定义，并制定了具体规范	州级
48	2017 年 7 月 1 日	佐治亚州	SB 219 法案	定义自动驾驶相关术语并明确自动驾驶汽车上路行驶的条件	州级
49	2018 年 4 月 10 日	俄勒冈州	HB 4059 法案	定义智能网联系统，并修改部分交通违法行为	州级
50	2018 年 4 月 18 日	俄勒冈州	HB 4063 法案	成立自动驾驶汽车工作组，并制定立法，解决许可登记、网联安全、事故责任、保险责任、土地利用、基础设施建设、隐私保护等问题	州级
51	2018 年 4 月 23 日	内布拉斯加州	LB 989 法案	定义自动驾驶相关术语并明确自动驾驶汽车上路行驶条件及碰撞责任	州级

序号	颁布时间	颁布部门	法规名称	主要内容	备注
52	2017 年 12 月 22 日	缅因州	HP 1204 法案	成立自动驾驶汽车委员会，明确委员会职责	州级
53	2019 年 3 月 4 日	南达科他州	HB 1068 法案	允许自动驾驶汽车测试	州级
54	2019 年 5 月 7 日	俄克拉何马州	SB 365 法案	定义自动驾驶相关术语并明确只有州才能制定自动驾驶法案	州级
55	2019 年 3 月 18 日	新泽西州	AJR 164 法案	成立自动驾驶汽车工作组	州级
56	2019 年 8 月 5 日	新罕布什尔州	SB 216 法案	定义自动驾驶相关术语并对试点工作作了具体规定	州级
57	2019 年 3 月 19 日	阿肯色州	HB 1561 法案	定义自动驾驶相关术语并对试点工作作了具体规定	州级
58	2019 年 4 月 17 日	阿肯色州	HB 1822 法案	对 HB 1561 法案进行修订，承认自动驾驶汽车和全自动驾驶汽车可以适用相关交通法	州级
59	2019 年 6 月 11 日	路易斯安那州	HB 455 法案	定义自动驾驶相关术语并对其作了具体规定	州级
60	2019 年 5 月 3 日	艾奥瓦州	SF 302 法案	定义自动驾驶相关术语并对其作了具体规定	州级
61	2019 年 4 月 30 日	夏威夷州	HCR 220 法案	成立自动驾驶汽车立法工作组	州级
62	2016 年 9 月 1 日	美国交通运输部	《联邦自动驾驶汽车政策指南》（Federal Auto-mated Vehicles Poli-cy）	该文件首次将自动驾驶汽车安全监管纳入联邦法律框架内，并将安全定为第一准则	联邦级
63	2017 年 9 月 6 日	美国众议院	《自动驾驶法案》（SELF DRIVE Act）	该法案首次从管理、标准、豁免、检测、评估、隐私等方面，对自动驾驶汽车的设计、生产、测试等环节进行了规范和管理	联邦级

序号	颁布时间	颁布部门	法规名称	主要内容	备注
64	2020 年 11 月 1 日	美国 57 个团体	《自动驾驶汽车立法大纲》（Outline of legilation for autonomous vehicles）	该大纲将安全摆在首位，要求重视消费者权益保护，并强调要在车辆数据、车辆制造、道路测试、交通管理等方面加强监管	联邦级
65	2022 年	美国交通运输部国家公路交通安全管理局	《无人驾驶乘员保护安全标准》（Occupant Protec-tion Safety Standards for Vehicles Without Driving Controls）	首个针对无人驾驶乘客安全的技术规定，对现行的美国《联邦机动车安全标准》（Federal Motor Vehicle Safety Standards）进行了修订和补充	联邦级
66	2023 年 3 月 1 日	美国自动驾驶行业协会	《未来自动驾驶汽车联邦政策框架》（Federal Policy Framework of Our AV Future）	进一步针对联邦自动驾驶立法建言献策，推动美国自动驾驶技术全面商业化	联邦级

日本					
序号	颁布时间	颁布部门	法规名称	主要内容	备注
1	2016 年 9 月	日本警视厅	《自动驾驶汽车道路测试指南》（自動走行システムに関する公道実証実験のためのガイドライン）	允许自动驾驶汽车开展路测，并提出具体要求	
2	2017 年 9 月	日本警视厅	《远程自动驾驶系统道路测试许可处理基准》（遠隔型自動運転システムの公道実証実験に係る道路使用許可の申請に対する取扱いの基準）	允许车辆在无人驾驶条件下进行路测，并提出具体要求	

序号	颁布时间	颁布部门	法规名称	主要内容	备注
3	2023 年 4 月	日本警视厅	《远程自动驾驶系统道路测试许可处理基准（修订案）》（自动运转の公道実証実験に係る道路使用許可基準）	进一步优化自动驾驶汽车路测许可	
4	2018 年 4 月	日本国土交通省	《自动驾驶相关制度整备大纲》（自动運転に係る制度整備大綱）	对自动驾驶汽车事故问责提出了明确路径。非系统缺陷导致事故的，参照《机动车损害赔偿保障法》执行。系统故障导致事故的，由企业承担相应责任	
5	2018 年 9 月	日本国土交通省	《自动驾驶汽车安全技术指南》（自动運転車の安全技術ガイドライン）	明确了 L3 级和 L4 级自动驾驶汽车应满足的安全要求	
6	2019 年 6 月	日本国土交通省	《旅客汽车运输经营者确保限定区域无人自动驾驶移动服务的安全性和便利性的指南》（限定地域での無人自動運転移動サービスにおいて旅客自動車運送事業者が安全性・利便性を確保するためのガイドライン）	对经营者、监控者、驾驶者、乘客等作了基本要求规定，对应急处置机制作了规定	
7	2019 年 5 月	日本内阁府	《道路运输车辆法》和《道路交通法（修订案）》（令和 2 年改正道路法）	为 L3 级自动驾驶汽车进入市场扫清法律障碍	
8	2023 年 3 月	日本内阁府	《道路交通法》修正案（令和 4 年改正道路交通法）	允许 L4 级自动驾驶车辆上路行驶	

序号	颁布时间	颁布部门	法规名称	主要内容	备注
9	2024 年 6 月	日本国土交通省、产业经济省、警视厅	《自动驾驶审查手续的透明性、公平性保障措施》（自動運転の審査に必要な手続の透明性・公平性を確保するための取組）	优化自动驾驶汽车相关审查手续，确保审查的透明和公平性	

<table>
<tr><td colspan="6" align="center">德国</td></tr>
</table>

序号	颁布时间	颁布部门	法规名称	主要内容	备注
1	2017 年 5 月 12 日	德国联邦参议院	《道路交通法（第八修正案）》（Road Traffic Act）	为 L3 级自动驾驶汽车上路初步扫清法律障碍	
2	2018 年 6 月 21 日	德国联邦交通与数字基础设施部	《自动驾驶汽车交通伦理准则》（Ethics Commission：Automated and Connected Driving）	规定了 20 条具体内容，明确要求禁止自动驾驶系统算法歧视，防止电车困境难题发生	
3	2021 年 7 月 27 日	德国联邦参议院	《道路交通法自动驾驶修正案》（Road Traffic Act）	对 L4 级自动驾驶汽车作了较为详细的规定	

<table>
<tr><td colspan="6" align="center">英国</td></tr>
</table>

序号	颁布时间	颁布部门	法规名称	主要内容	备注
1	2017 年 10 月 18 日	英国议会	《自动及电动汽车法案》（Automated and Electric Vehicles Bill）	对自动汽车保险责任及一般责任作了规定	
2	2017 年 8 月 6 日	英国交通部	《智能网联汽车关键原则》（The Key Principles of Cyber Security for Connected and Automated Vehicles）	为智能交通系统和网联自动汽车设计了 8 个主要原则	
3	2024 年 5 月 20 日	英国议会	《自动驾驶汽车法案》（Automated Vehicles Act）	该法案将安全置于首位，构建新的安全框架，并明确由汽车制造商承担安全责任	

附录二　英国自动驾驶汽车法案（译文）[1]

第一部分　自动驾驶汽车监管制度

第一章　自动驾驶车辆的道路使用授权

自动驾驶能力

第1条　基本概念

（1）本条适用于第一部分。

（2）若满足下列条件，车辆符合自动驾驶标准：

（a）车辆设计或者改装的目的是使其具备自主行驶功能；

（b）车辆能够安全、合法、自主行驶。

（3）车辆是否满足自动驾驶标准，应当根据行驶的地点和环境具体评估。

（4）自动驾驶功能是车辆行驶装置机械化、电子化运行的结合。

（5）若满足下列条件，车辆属于自动行驶：

（a）由机械设备而非驾驶员控制；

（b）车辆及其周围环境均无意图即刻干预驾驶的人员监控。

（6）控制车辆是指控制车辆运行。

---

〔1〕　翻译人员：郑飞、夏晨斌、吕昊然、周岁寒、刘云萍、刘珊、路于婵。囿于篇幅，法条中的附表一至附表六不收录书中。

（7）　自动驾驶汽车应当实现：

（a）　安全行驶，即达到可以接受的安全标准；

（b）　合法行驶，即交通违规风险低至可以接受的程度。

（8）　评估车辆能否自动、安全驾驶时，国务大臣应当特别考虑安全原则声明。

第 2 条　安全原则声明

（1）　国务大臣应当拟定声明，说明其评估车辆自主、安全驾驶能力时拟采用的原则。

（2）　原则应当确保：

（a）　经授权的自动驾驶汽车安全水平应当不低于称职谨慎的司机；

（b）　车辆投入使用后能够提升道路交通安全水平。

（3）　拟定声明时应当咨询相关代表性组织的意见。

（4）　上述组织包括：

（a）　代表自动驾驶汽车制造、运营、设计企业利益的组织；

（b）　代表道路使用者利益的组织；

（c）　代表道路交通安全事业的组织。

（5）　声明应当提交议会。

（6）　若两院决议通过，声明即生效。

（7）　国务大臣有权修订或者更新本声明，第（2）款至第（5）款依照最新版本适用。

（8）　修订或者更新的声明在提交后四十日内生效，但两院决议反对的除外。

（9）　针对第（8）款的规定：

（a）　若声明提交两院的日期不同，以最后提交日为准；

（b）　议会解散、休会或者两院休会四日以上的时间不计入四十日期间内。

（10）在声明根据本条生效前，不得行使第 3 条中规定的权力。

准予授权

第 3 条　授权的权力

（1）符合下列情形的，国务大臣有权授权车辆用于自动驾驶：

（a）认为车辆在预定路段的行驶状况达到自动驾驶标准；

（b）满足第 5 条规定的原始授权要求。

（2）授权：

（a）可以仅限于指定的车辆；

（b）或者扩展至某一类型的所有车辆。

（3）针对第（2）款第（b）项所述的类型，应当确保国务大臣根据第（1）款第（a）项所做的评估和授权适用于该类型的其他车辆。

第 4 条　经授权的自动驾驶功能

（1）授权书应当标明国务大臣认为的满足自动驾驶标准的车辆功能。

（2）若认为每项均属于自动驾驶的特殊功能，可以标明多项功能。

（3）标明的功能应当说明：

（a）操作模式系"有人控制的自动驾驶"还是"无人控制的自动驾驶"；

（b）如何启用和停止该功能；

（c）满足自动驾驶标准的地点和条件。

（4）授权书中指定的地点可以延伸至道路以外。

（5）若授权书标明多项功能，国务大臣在履行第（3）款第

（b）项中的职责时，应当能够确定某一时刻所启用的为何种功能。

授权要求

第 5 条　授权要求和条件

（1）国务大臣有权通过条例规定授权要求应当满足：

（a）根据第 3 条车辆获得授权的要求（"原始授权要求"）；

（b）车辆保持授权的条件（"持续授权要求"）。

（2）持续授权要求包括遵守国务大臣对相关人员授权提出的附加条件（"授权条件"）。

（3）授权条件可以包含授权要求涉及的相关事项。

（4）可以通过第（2）款规定的授权要求与授权条件相结合的方式，全部或者部分履行与施加授权要求相关的义务。

第 6 条　经授权的自动驾驶主体

（1）国务大臣应当明确授权要求，并确保在每次授权中，均已指定专门人员为"经授权的自动驾驶主体"。

（2）授权要求可以包括获得或者保持主体资格的相应条件。

（3）国务大臣应当明确授权要求，确保在合理范围内实现下列目标。

（4）目标包括：

（a）经授权的自动驾驶主体应当承担一般责任，确保车辆依靠自动驾驶功能能够持续满足相关标准。

（b）经授权的自动驾驶主体应当符合以下条件：

（i）声誉良好；

（ii）财务状况良好；

（iii）能够履行基于第（a）项目的相关授权要求。

（5）授权要求可以包括经授权的自动驾驶主体为获得或者保持

授权所需支付的费用。

第7条　接管请求

（1）若车辆的相关授权要求明确车辆在启用经授权的驾驶员控制功能时应当能够发出接管请求，则第（3）款适用。

（2）"接管请求"是由车辆设备发出的一项要求，在要求发出后的一段时间内（"过渡期间"），经授权的驾驶员控制功能启用，驾驶员应当控制车辆。

（3）国务大臣应当规定授权要求，确保在合理状况下：

（a）接管请求能够被驾驶员所感知（包括残疾人）；

（b）为驾驶员留出足够的过渡时间准备并控制车辆；

（c）在过渡期间内车辆继续自主、安全、合法行驶；

（d）车辆设备在过渡期间结束时再次发出信号，提示驾驶员过渡期已结束；

（e）若驾驶员未在过渡期结束时控制车辆，车辆也将安全行驶。

变更、中止、撤销授权

第8条　变更、中止、撤销的权力

（1）经被授权主体同意，国务大臣有权变更、中止或者撤销自动驾驶汽车授权。

（2）若国务大臣认为存在单方面事由，有权在未经同意的情况下变更、中止或者撤销授权。

（3）符合下列情形的，国务大臣有权在未经同意的情况下中止或者临时变更授权：

（a）认为存在单方面事由；

（b）意图调查。

（4）针对本条的规定，若符合下列情形，则代表存在单方面事由：

（a）未（曾）满足授权要求；

（b）违反交通法规；

（c）车辆不再满足授权地点和条件的自动驾驶标准。

（5）第（3）款中的中止或者变更在调查结束后失效，但采取第（2）款所列措施的除外。

（6）即使授权已根据第（3）款中止、变更，仍可以根据第（2）款而中止、变更（将取代既有的授权）。

（7）附表一第一部分：

（a）规定了根据第（2）款、第（3）款变更、中止或者撤销的程序（包括上诉权）；

（b）提供了在未经同意的情况下变更、中止或者撤销授权的其他条件。

第9条　关于变更、中止和撤销的进一步规定

（1）本条所述的变更，包括变更、增加或者删除授权附加条件。

（2）变更授权可以是临时或者永久的。

（3）授权变更后，国务大臣可以重新授予。

（4）中止或者临时变更授权：

（a）可以是固定期限或者无期限的；

（b）可以随时由国务大臣解除或者撤销。

（5）中止授权代表：

（a）车辆不再视为第46条、第78条、第79条中的自动驾驶汽车；

（b）授权中确定的"无人控制的自动驾驶"功能不再视为

《1988 年道路交通法》第 34B 条第（2）款中的功能，但不影响授权的其他部分。

（6）相关授权措施自下列时间开始生效：

（a）通知发给相关被授权主体时；

（b）通知载明的较晚时间。

（7）在第（6）款中，"相关授权措施"是指：

（a）自动驾驶汽车授权的变更、中止或者撤销；

（b）变更反转；

（c）中止解除；

（d）根据附表一第 3 条第（3）款或者第 4 条第（5）款的指示恢复已撤销的授权。

（8）国务大臣应当规定授权要求，以减少因变更、中止或者撤销授权而致使不知情人员以不再符合车辆授权的方式驾驶车辆的可能。

管 理

第 10 条　授权登记

（1）国务大臣应当保存自动驾驶汽车授权公共登记册。

（2）自动驾驶汽车授权经登记后生效。

（3）在每项授权中，登记册应当记录经授权的自动驾驶主体的身份。

（4）国务大臣应当在相关授权措施生效后尽快修改登记册。

（5）第（4）款中的"相关授权措施"参照第 9 条第（7）款中的含义。

第 11 条　关于授权程序的规定

（1）国务大臣有权制定条例，规定下列程序：

（a）准予自动驾驶汽车授权；

（b）经被授权主体同意，变更、中止、撤销自动驾驶汽车授权。

（2）条例有权特别规定下列事项：

（a）授权申请的形式、内容，以及授权申请者；

（b）授权申请应当缴纳的费用；

（c）车辆检查；

（d）裁定通知；

（e）不服裁定的复议或者上诉。

第二章　无人控制的自动驾驶汽车运营商的许可

第 12 条　制定运营商许可证制度的权力

（1）国务大臣有权制定运营商许可条例，规定下列事项：

（a）对"无人控制的自动驾驶"运营商进行许可；

（b）对"无人控制的自动驾驶"行程或者车辆中的相关人员施加要求；

（c）保存上述人员的公共登记册及相关信息。

（2）"无人控制的自动驾驶"是指车辆在行驶过程中：

（a）启用该功能；

（b）或者车辆中无人对其进行控制。

（3）针对第一部分的规定，若无人控制的自动驾驶行程是由持证运营商监管的，则其受到第（1）款第（b）项规定的限制。

（4）国务大臣制定运营商许可条例时，应当在合理范围内实施，并确保下列目标实现。

（5）目标包括：

（a）获得许可的无人控制的自动驾驶汽车运营商应当对其监督

行程中出现的问题承担一般责任。

（b）无人控制的自动驾驶汽车运营商获得许可应当符合下列条件：

（i）声誉良好；

（ii）财务状况良好；

（iii）能够履行为第（a）项目的创设的要求。

第 13 条　关于运营商许可的进一步规定

（1）本条对运营商许可作出进一步规定。

（2）条例有权对许可证的授予、保留、变更、续期、到期、中止、撤销等事项进行规定。

（3）其中包括规定：

（a）许可证申请（或者续期）的形式和内容。

（b）有关下列事项的费用：

（i）许可证的申请及续期；

（ii）许可证的授予、保留或者续期。

（c）裁定通知的相关规定。

（d）对裁定提出复议或者上诉。

（e）授予国务大臣或者交通专员相应职权。

（4）条例有权要求无人控制的自动驾驶汽车运营商遵守所获许可附带的其他条件。

第三章　信息监管规定

条例所施加的要求

第 14 条　信息采集和共享

（1）授权要求包括自动驾驶主体采集和共享信息的有关要求。

（2）运营商许可条例有权对无人控制的自动驾驶汽车运营商信息采集及共享行为进行规定。

（3）共享包括：

（a）与国务大臣或者其他公共当局共享；

（b）与私营企业（如汽车制造商、保险公司）共享。

（4）授权要求、运营商许可条例有权要求经授权的自动驾驶主体或者无人控制的自动驾驶汽车持证运营商共享信息，且必须明确共享信息的目的。

第 15 条　提名相关人员

（1）授权要求有权规定经授权的自动驾驶主体提名一人负责向国务大臣提供第一部分中的所需信息。

（2）运营商许可条例有权规定无人控制的自动驾驶持证运营商提名一人负责向国务大臣提供第一部分中的所需信息。

（3）根据第（1）款、第（2）款作出的提名，需满足：

（a）经由个人同意；

（b）其符合提名条件。

通知所施加的要求

第 16 条　发出通知的目的

（1）本条所述的"调查目的"，包括"国内""国际"两个方面。

（2）国内目的是指：

（a）评估下列对象是否符合监管要求：

（i）受监管主体；

（ii）受监管主体负责的自动驾驶汽车。

（b）调查在受监管主体负责的情况下，自动驾驶汽车是否、如何、为何违反交通法规。

（c）参照授权地点和条件，评估由受监管主体负责的车辆能否持续满足自动驾驶标准。

（d）调查：

（i）受监管主体或者对车辆负有责任的其他受监管主体涉嫌违反第 24 条所规定的犯罪的情形；

（ii）上述行为涉嫌违反第 25 条、第 26 条、第 27 条规定的情形。

（3）国际目的是指与英国以外的国家和地区当局（"海外当局"）共享信息的目的，其中：

（a）海外当局已请求提供信息；

（b）海外当局根据该地法律具有与第（2）款所述类似的职能；

（c）该信息有助于海外当局履行监管职能。

第 17 条　发布信息通知的权力

（1）若国务大臣认为调查具有正当性，有权向受监管主体发出信息通知。

（2）信息通知是指要求受监管主体向国务大臣提供相关信息的通知。

（3）信息通知应当载明：

（a）必须提供的信息；

（b）提供信息的形式和方式；

（c）（最迟）何时提供信息。

（4）在指定信息提供形式和方式时，信息通知有权特别：

（a）要求出示文件或者副本；

（b）要求以与当前形式不同的其他形式提供信息；

（c）要求受监管主体确保人员按时到达指定地点、提供信息。

（5）信息通知应当根据第 19 条第（5）款（若适用）和第 20 条对通知的后果作出解释。

第 18 条　发布约谈通知的权力

（1）若国务大臣认为调查具有正当性，有权向受监管主体发布约谈通知。

（2）约谈通知是指要求受监管主体责令相关人员在指定的时间和地点回答问题的通知。

（3）约谈通知应当概括表明预期询问的主题。

（4）约谈通知应当根据第 19 条第（5）款和第 20 条对通知的后果作出解释。

第 19 条　要求相关人员出席的通知

（1）本条适用于：

（a）信息通知，只要其包含第 17 条第（4）款第（c）项的规定事项；

（b）约谈通知。

（2）通知有权对下列主体发出：

（a）特定人员；

（b）某类群体。

（3）相关人员须为受监管主体从事一定的工作，不论以何种身份。

（4）不要求相关人员与英国存在其他联系。

（5）若受监管主体已采取合理措施执行下列事项，则认定其遵守通知：

（a）责令相关人员于通知中指定的时间和地点出席会议；

（b）确保其能够提供通知中指定的信息或者回答通知中指明的

问题。

（6）第 17 条第（4）款第（c）项、第 18 条第（2）款所述的于指定地点出席会议或者参加线上会议［第 20 条第（3）款第（c）项第（i）目、第 20 条第（4）款第（c）项第（i）目应当参照理解］。

第 20 条　犯罪行为

（1）存在下列情形的，受监管主体构成犯罪：

（a）未按照信息通知的要求提供相关信息；

（b）在声称遵守信息通知的情况下，提供严重虚假或者误导性信息；

（c）未遵守第 19 条第（5）款规定的信息通知、约谈通知。

（2）若受监管主体证明已采取合理预防措施并努力避免危害后果，则不构成犯罪。

（3）存在下列情形的，行为人构成犯罪：

（a）其系第 19 条第（2）款第（a）项中信息通知指明的人员。

（b）其已获悉通知的内容。

（c）与此同时：

（i）未在通知中指定的时间和地点出席会议，或者未按通知的要求提供信息，且无合理理由；

（ii）提供严重虚假或者误导性信息，存在故意或者重大过失。

（4）存在下列情形的，行为人构成犯罪：

（a）其系第 19 条第（2）款第（a）项中约谈通知指明的人员。

（b）其已获悉该通知。

（c）与此同时：

（i）未在通知中指定的时间和地点出席会议，且无合理理由；

（ii）在接到约谈通知后，未能回答相关问题，且无合理理由；

（iii）在接到约谈通知后，以严重虚假或者误导性方式进行回答，存在故意或者重大过失。

（5）存在下列情形的，行为人构成犯罪：

（a）销毁、隐瞒、更改信息，致使或者允许他人销毁、隐瞒、更改信息；

（b）意图是拒绝在回应信息通知或者约谈通知中提供准确的信息。

（6）第（5）款中：

（a）信息通知中要求提供的信息包括记录该信息的所有内容；

（b）"隐瞒信息"包括破坏以不可读形式记录信息的复制手段。

（7）构成本条所规定的犯罪的，承担下列刑事责任：

（a）在英格兰和威尔士，经简易程序审理定罪，可以判处不超过治安法庭一般限制的有期徒刑或者罚金（或者二者并处）；

（b）在苏格兰，经简易程序审理定罪，可以判处一年以下有期徒刑或者不超过法定最高额的罚金（或者二者并处）；

（c）经公诉定罪，可以判处两年以下有期徒刑或者罚金（或者二者并处）。

第21条　法院执行

高等法院或者苏格兰高等民事法院有权根据国务大臣的申请作出命令，确保相关人员遵守信息通知和约谈通知。

第22条　使用所获得的信息

（1）第（2）款至第（4）款适用于根据第17条、第18条的规定行使权力而获得的信息。

（2）不论最初获取信息目的为何，国务大臣均有权将信息用于与受监管主体相关的调查。

（3）若未经国务大臣同意而与海外当局共享信息，则必须防止其：

（a）将信息用于披露以外的其他目的；

（b）或者进一步共享信息。

（4）国务大臣还有权将信息用于第38条所述事项（监测和评估自动驾驶汽车的总体性能）。

（5）第（6）款适用于当事人根据第17条、第18条作出的声明。

（6）在针对声明人提起的刑事诉讼中，检察机关或者其代表不得援引与该陈述相关的证据，也不得提出相关问题。

（7）第（6）款不适用于下列情形：

（a）若诉讼符合下列条件：

（i）针对第20条、第24条、第25条、第30条规定的犯罪行为；

（ii）针对《1911年伪证法》第5条规定的犯罪行为（虚假的法定声明和其他未经宣誓的虚假陈述）；

（iii）针对《1995年苏格兰刑法（综合）》第44条第（2）款规定的犯罪行为（虚假陈述和声明）。

（b）在其他诉讼中，若提供信息的人员及他人援引与信息有关的证据，或者提出相关问题。

（8）本条所述的"海外当局"参照第16条第（3）款中的含义。

第23条　补充规定

（1）若国务大臣已向受监管主体发出信息通知或者约谈通知，有权发出进一步通知以：

（a）取消通知；

（b）以不加重责任的方式变更通知。

（2）针对第16条至第23条的规定，已不再受监管的主体，若处理其受监管时所发生的事务，应当视为受监管主体。

与安全信息有关的犯罪行为

第 24 条　虚报、瞒报车辆安全信息

（1）存在下列情形的，行为人构成犯罪：

（a）系受监管主体。

（b）向国务大臣提供：

（i）负责车辆的信息；

（ii）或者作为受监管主体的其他有关信息。

（c）提供自动驾驶汽车操作安全方面的虚假或者误导性信息。

（2）第（3）款和第（4）款适用于下列情形：

（a）系受监管主体。

（b）根据下列事项向国务大臣提供信息：

（i）监管要求；

（ii）或者第 17 条规定的信息通知。

（c）该信息与自动驾驶汽车操作安全相关。

（3）若行为人未能按要求提供信息，则构成犯罪。

（4）存在下列情形的，行为人构成犯罪：

（a）销毁、隐瞒、更改信息，或者致使、允许他人销毁、隐瞒、更改信息；

（b）意图是拒绝按照有关要求或者通知提供准确信息。

（5）第（4）款中：

（a）"信息"包括记录该信息的所有内容；

（b）"隐瞒信息"包括破坏以不可读的形式记录信息的复制手段。

（6）针对本条的规定，当信息影响监管者评估，则与车辆操作安全相关：

（a）若系经授权的自动驾驶主体，在自动驾驶功能启用时，其所驾驶车辆的安全状况；

（b）若系无人控制的自动驾驶汽车持证运营商，其所监管车辆在无人控制行程中的安全状况。

（7）被指控违反第（1）款或者第（3）款规定的行为人，若证明其已采取合理预防措施并努力避免危害后果，则不构成犯罪。

（8）构成本条所规定的犯罪的，承担下列刑事责任：

（a）在英格兰和威尔士，经简易程序审理定罪，可以判处不超过治安法庭一般限制的有期徒刑或者罚金（或者二者并处）；

（b）在苏格兰，经简易程序审理定罪，可以判处一年以下有期徒刑或者不超过法定最高额的罚金（或者二者并处）；

（c）经起诉定罪，可以判处五年以下有期徒刑或者罚金（或者二者并处）。

第 25 条　致人死亡或者重伤的严重犯罪

（1）存在下列情形的，行为人构成犯罪：

（a）构成第 24 条第（1）款或者第（3）款所述的犯罪；

（b）若提供的信息能够避免发生此类犯罪，且信息能够揭示，驾驶车辆发生特定类型危险事故的风险会增加；

（c）启用自动驾驶功能的车辆发生了此类危险事故；

（d）致人死亡或者重伤。

（2）存在下列情形的，行为人构成犯罪：

（a）构成第 24 条第（4）款所述的犯罪；

（b）该行为妨碍向国务大臣提供准确信息；

（c）若以该行为所阻止的方式提供信息，且信息能够揭示，驾驶车辆发生特定类型危险事故的风险会增加；

（d）启用自动驾驶功能的车辆发生了此类危险事故；

（e）致人死亡或者重伤。

（3）针对第（1）款和第（2）款的规定：

（a）若该信息能够使理性人感知到相较于其在第 24 条所述犯罪发生时实际提供的信息存在更大风险，则属于"揭示更高风险"；

（b）"危险事故"是指明显具有致人重伤风险的事故。

（4）若被指控违反本条规定的行为人证明，在危险事故发生时，第 24 条所述犯罪行为对发生的风险并无显著的持续影响，可以作为抗辩事由。

（5）违反本条规定的，经公诉定罪，可以判处十四年以下有期徒刑或者罚金（或者二者并处）。

（6）在本条中，"重伤"：

（a）在英格兰和威尔士，是指《1861 年侵害人身法案》规定的严重的身体伤害；

（b）在苏格兰，是指严重的身体伤害。

行为人的刑事责任

第 26 条　指定人员的刑事责任

（1）符合下列情形的，A 构成该罪：

（a）（即将成为）受监管主体的人员（B）构成第 20 条或者第 24 条所规定的犯罪；

（b）犯罪行为发生时，另一人员（A）系该行为所涉信息的指定人员。

（2）针对第（1）款的规定，若 A 被 B 指定为下列情形中对信息负责的人员，则 A 系信息的指定人员：

（a）第 15 条第（1）款所述的授权要求；

（b）第 15 条第（2）款所述的运营商许可规定。

（3）确定第（1）款第（a）项中的 B 是否构成犯罪时，不应考虑第 20 条第（2）款以及第 24 条第（7）款中的抗辩事由。

（4）若 A 证明其已经采取合理预防措施并履行相应注意义务以避免 B 犯罪，可以作为抗辩事由。

第 27 条　高级管理人员的刑事责任

（1）符合下列情形的，A 构成该罪：

（a）A 系相关单位 B 的高级管理人员；

（b）B 构成第 20 条或者第 24 条所规定的犯罪；

（c）A 同意或者默许 B 犯该罪。

（2）若 A 在下列方面发挥重要决策作用，则 A 系 B 的"高级管理人员"：

（a）B 整体活动的管理或者组织方式；

（b）B 相关活动的管理或者组织方式。

（3）在第（2）款第（b）项中，"相关活动"指与相关信息有关的活动；在本款中，"相关信息"指第（1）款第（b）项中所述犯罪的信息。

（4）在第（1）款中，"相关单位"是指：

（a）法人团体；

（b）合伙企业；

（c）根据外国法律成立的类似于合伙企业的公司或者其他组织。

第四章　调查受监管主体所使用场所的权力

第 28 条　搜查令

（1）若治安法官认为满足第（2）款中的条件，有权向国务大臣签发搜查令，授权其在令状指明的场所行使第 29 条中的所述权力。

（2）条件包括：

（a）该场所正由受监管主体使用；

（b）根据第 16 条，为调查目的签发搜查令是适当的；

（c）根据第（3）款中列举的原因，签发搜查令是必要的。

（3）原因包括：

（a）已向受监管主体发出信息通知或者约谈通知，但未得到遵守；

（b）有理由相信若向受监管主体发出信息通知或者约谈通知，并不会得到遵守；

（c）已向受监管主体发出第 19 条规定的信息通知或者约谈通知，但未能获得所需的信息；

（d）行使该权力具有紧迫性，无法等待以信息通知或者约谈通知的方式获取信息。

（4）治安法官只有基于代表国务大臣宣誓时的说明或者提供的证据，才能认为第（2）款中的条件已经满足。

（5）本条所述的治安法官包括苏格兰的行政司法长官。

（6）针对本条的规定，已不再受监管的主体，若处理其受监管时所发生的事务，应当视为受监管主体。

第 29 条　行使搜查令赋予的权力

（1）本条中的权力包括：

（a）进入场所。

（b）搜查场所。

（c）检查场所内的文件、设备、其他物品或者材料（包括操作计算机或者其他设备以获取信息）。

（d）扣押场所内的上述文件并移送。

（e）以各种形式记录场所内的上述文件，以及其中包含的信息，或者能够借此获取的信息。

（f）要求场所内的其他人提供信息或者协助，以便：

（i）使其能够或者便于行使上述权力；

（ii）允许其在行使权力时更容易理解所审查、扣押或者记录的事项。

（2）行使权力的人员：

（a）根据第16条，只能在为调查目的的必要范围内行使权力；

（b）除非认为行使记录权力仍然不够，否则不得行使扣押和移送物品的权力。

（3）根据第28条签发的搜查令应当由国务大臣书面授权的人员代为执行（并相应行使本条中的权力）。

（4）执行此项权力时，可以令他人随同进入，或者携带设备、材料进入场所，以协助行使本条中的权力。

（5）随同进入场所的人员亦可以在第（3）款授权人员的陪同和监督下代表国务大臣行使本条中的权力。

（6）行使本条权力的人员在必要时可以使用合理武力［执行第（1）款第（f）项的规定除外］。

（7）根据第28条发出的搜查令授权行使本条中的权力：

（a）仅在一天中的合理时间。

（b）仅在自签发之日起一个月内。

（c）原则上"一令一查"，但搜查令另有规定的除外；并可以进一步附加条件或者限制。

（8）根据第28条的搜查令，在每次进入场所时，行使权力的人员：

（a）须由一名警员陪同，直至进入时已足够安全；

（b）应当尽早（若能够在进入场所前）向场所管理者提供搜查令副本；

（c）若在进入场所时无法提供搜查令副本，应当将其放置在场所的醒目位置；

（d）应场所管理者的要求，须出示身份证明和第（3）款下的授权证明；

（e）若没有场所管理者在场，则应当让场所保持到来时的有效阻止侵入者入内的安全保护状态。

（9）国务大臣应当在适当的时间间隔公布根据本条行使相关权力的信息。

第30条　妨碍执行搜查令的犯罪

（1）存在下列情形的，行为人构成犯罪：

（a）故意妨碍他人行使第29条所赋予的权力；

（b）无正当理由不遵守他人行使上述权力时向其提出的要求；

（c）在回应要求时发表严重虚假或者误导性内容，存在故意或者重大过失。

（2）构成本条所规定的犯罪的，承担下列刑事责任：

（a）在英格兰和威尔士，经简易程序审理定罪，可以判处不超过治安法庭一般限制的有期徒刑或者罚金（或者二者并处）；

（b）在苏格兰，经简易程序审理定罪，可以判处一年以下有期徒刑或者不超过法定最高额的罚金（或者二者并处）；

（c）经公诉定罪，可以判处两年以下有期徒刑或者罚金（或者二者并处）。

第31条　扣押物品

（1）本条适用于行使第29条第（1）款第（d）项规定的扣押和移送物品的权力。

（2）行使权力的人员应当在场所管理者的要求下：

（a）对扣押之物开具清单；

（b）对于便于复制的文件，应当提供一份副本。

（3）不论最初目的为何，若国务大臣认为对获取物品或者材料确有必要，可以保管扣押物品。

（4）代表国务大臣行使权力的人员可以为此类目的：

（a）检查扣押之物（若有必要，可以使用合理武力）；

（b）以各种形式记录从扣押之物中获取的信息。

（5）国务大臣有权通过条例对如何处理扣押之物作出进一步规定。

（6）条例有权特别规定的事项包括：

（a）授权为调查目的以外的目的保留或者使用扣押之物；

（b）授权将扣押之物交给所有者以外的其他人；

（c）授权销毁扣押之物。

第32条　归还搜查令

（1）若搜查令已执行，行使权利的人员应当尽快将其交还给签发法院，并简要说明第29条规定权力的行使情况。

（2）若搜查令未被执行，国务大臣应当尽快将其退还给签发法院，并说明其未执行。

第33条　所获信息的使用

（1）第22条第（2）款至第（4）款（因调查使用信息）适用于根据第29条以及第31条行使权力获取的信息，如同适用于根据第17条、第18条行使权力获取的信息。

（2）第22条第（6）款、第（7）款（刑事诉讼中信息的可采性）适用于当事人在回应第29条第（1）款第（f）项的要求时所作的陈述，如同适用于其回应第17条、第18条规定的通知时所作的陈述。

第五章　对受监管主体的民事处罚

第 34 条　合规通知

（1）若国务大臣认为某受监管主体未（曾）满足监管要求，有权向其发出合规通知。

（2）若国务大臣认为某经授权的自动驾驶主体在其负责期间，车辆发生交通违规，有权向其发出合规通知。

（3）若国务大臣认为交通违规完全是由于无人控制的自动驾驶汽车持证运营商未遵守运营许可规定的要求所致，则第（2）款不适用。

（4）合规通知是要求被通知人采取通知中指定的符合第（5）款规定措施的通知。

（5）有权规定的事项包括：

（a）在第（1）款通知的情况下，国务大臣认为适当的措施，以确保受监管主体未来遵守监管要求；

（b）在第（2）款通知的情况下，国务大臣认为适当的措施，以避免或者减少未来由经授权的自动驾驶主体负责的车辆发生类似交通违规的可能。

（6）可以通过更多细节，具体规定为实现通知中的结果而有必要采取的措施。

（7）合规通知应当：

（a）解释国务大臣发出通知的理由；

（b）指定应当采取有关措施的时间或者期间。

（8）第（4）款所述的采取措施包括不作为；本条中的"措施"应当参照理解。

第 35 条　补救通知

（1）若国务大臣认为符合下列情形的，有权向受监管主体发出补救通知：

（a）其未（曾）满足监管要求；

（b）致使英国的道路使用者承受损失、损害、不便或者干扰。

（2）若国务大臣认为符合下列情形的，有权向经授权的自动驾驶主体发出补救通知：

（a）在其负责期间，车辆发生交通违规；

（b）致使英国的道路使用者承受损失、损害、不便或者干扰。

（3）若国务大臣认为交通违规完全是由于无人控制的自动驾驶汽车持证运营商未遵守运营许可规定的要求所致，则第（2）款不适用。

（4）补救通知是要求被通知人采取公告中规定的第（5）款的措施的通知。

（5）有权规定国务大臣认为适当的措施，以纠正、减轻、补偿直接或者间接遭受的损失、损害、不便或者干扰。

（6）补救通知应当：

（a）解释国务大臣发出通知的理由；

（b）指定应当采取有关措施的时间或者期间。

（7）若补救通知要求受监管主体向他人支付款项，则可以由其作为民事债务追回。

（8）第（4）款中提到的采取措施包括不作为；本条中的"措施"应当参照理解。

（9）在本条中，"道路使用者"包括就道路行使法定职权的人员。

第 36 条　罚款

（1）若国务大臣认为受监管主体符合下列事项，有权向其发出罚款通知：

（a）其未（曾）满足监管要求。

（b）其未能遵守下列规定：

（ⅰ）信息通知；

（ⅱ）约谈通知；

（ⅲ）合规通知；

（ⅳ）补救通知。

（2）若国务大臣认为某经授权的自动驾驶主体在其负责期间，车辆发生交通违规，有权向其发出罚款通知。

（3）若国务大臣认为交通违规完全是由于无人控制的自动驾驶汽车持证运营商未遵守运营许可规定的要求所致，则第（2）款不适用。

（4）罚款通知是要求受监管主体向国务大臣支付通知中指定金额罚款的通知。

（5）若国务大臣认为通知所涉的违规行为（可能）是持续的，则第（6）款适用于根据第（1）款发出的罚款通知。

（6）罚款通知有权规定下列期限内的每日加收具体规定的金额作为罚款：

（a）自通知发出的次日开始。

（b）直至：

（ⅰ）违规行为结束之日；

（ⅱ）通知中指定的更早日期。

（7）罚款通知应当：

（a）解释国务大臣发出通知的理由；

（b）规定支付罚款的期限和方式。

（8）若罚款未按时缴付：

（a）罚款（或者未缴付部分）按《1838年判决法》第17条当时指定的利率计息；

（b）国务大臣有权将罚款（或者未缴付部分）连同利息作为民事债务追回。

（9）国务大臣应当通过条例规定：

（a）根据第（4）款可以指定的最高额；

（b）根据第（6）款可以指定的最高额。

（10）条例中所规定的金额，可以依据受监管主体或者与其相关联的其他实体、企业的营业额作为参考进行确定；若采取此种方式，同时亦可以规定：

（a）"营业额"的范围；

（b）如何计算、评估营业额。

（11）针对同一作为或者不作为，不得同时判处受监管主体构成第24条、第25条所规定的犯罪，以及本条中的罚款责任。发生其一（除非推翻），即代表不再承担另一责任。

第37条　补充规定

（1）根据本章发出的一份通知可以涉及多起事件，发出通知的权力亦据此产生。

（2）国务大臣根据本章向受监管主体发出通知后，有权发出进一步通知以：

（a）取消通知；

（b）以不加重责任的方式变更通知。

（3）附表一第二部分作出下列规定：

（a）有关合规通知、补救通知和罚款通知的适用程序（包括费用的回收和上诉权）；

（b）将本章中的职权赋予交通专员。

（4）针对本章的规定，已不再受监管的主体，若处理其受监管时所发生的事务，应当视为受监管主体。

第六章　其他监管权力和职责

第 38 条　一般监测职责

（1）国务大臣应当作出有效适当的安排，以监测和评估经授权的自动驾驶汽车在英国道路和其他公共场所的整体状况。

（2）上述安排应当特别包括监测和评估车辆在何种程度上符合安全原则声明。

（3）国务大臣应当在每一报告期结束后尽快发布报告，声明根据本条进行监测和评估得出的结论。

（4）针对本条的规定，下列期间属于"报告期"：

（a）自动驾驶汽车授权首次生效之月起的一年内；

（b）随后的每一年。

第 39 条　涉及潜在监管后果事件的职责

（1）国务大臣应当作出有效和适当的安排，从而：

（a）识别相关事件的发生；

（b）调查事件发生原因（包括通过行使调查权力的相关手段）；

（c）决定是否行使执法权。

（2）在本条中，"相关事件"是指：

（a）发生在道路或者其他公共场所；

（b）涉及经授权的自动驾驶汽车；

（c）披露调查是否存在因其可行使执法权的依据；

"调查权力"是指第 16 条至第 23 条和第四章中的权力；

"执法权"是指第 8 条第（2）款和第（3）款及第五章中的权力。

（3）若不依赖强制手段，调查权力不限制国务大臣为完成第（1）款中的安排实施各种行为。

第 40 条　要求警察和地方当局报告的权力

（1）国务大臣有权通过条例，要求第（3）款中的当局向国务大臣报告下列事件：

（a）发生在当局辖区内；

（b）属于条例所述事项。

（2）条例有权将相关要求限制在国务大臣请求报告的情况下。

（3）本款中的当局包括：

（a）警察局长；

（b）战略公路公司；

（c）苏格兰部长（以公路或者交通当局身份）；

（d）威尔士部长（以公路或者交通当局身份）；

（e）根据《2009 年地方民主、经济发展和建设法》第 103 条设立的，行使与公路或者道路交通有关职能的联合当局；

（f）县议会或者县自治市议会；

（g）没有县议会地区的区议会；

（h）根据《1994 年地方政府等（苏格兰）法》第 2 条设立的议会；

（i）伦敦交通局；

（j）伦敦自治市议会；

（k）伦敦市普通委员会（以地方当局身份）；

（1）西西里群岛议会。

（4）根据本条制定的条例应当以仅报告（可能被认为的）相关事件为目的。

（5）在第（4）款中，"相关事件"与第 39 条中的含义相同。

（6）根据本条制定的条例仅可以要求报告当局在履行其职能时获得信息的事件。

（7）根据本条制定的条例有权包含关于报告的时间、形式和内容的规定。

第七章　补充规定

第 41 条　通知

（1）国务大臣应当规定授权要求，确保国务大臣始终拥有：

（a）邮寄地址；

（b）电子地址，该地址可以用于根据第一部分向经授权的自动驾驶主体发出通知。

（2）若国务大臣制定运营商许可条例，条例应当确保国务大臣始终拥有：

（a）邮寄地址；

（b）电子地址，该地址可以用于根据第一部分向无人控制的自动驾驶汽车持证运营商发出通知。

（3）根据第一部分向受监管主体发出的通知，应当视为在下列时间发出：

（a）受监管主体收到该通知的时间；

（b）或者更早，为通常情况下受监管主体收到该通知的时间（结合通知发出的方式）。

（4）针对第（3）款第（b）项的规定，假定受监管主体将收到一份通知，该通知发送至根据授权要求、运营商许可条例，或者第（1）款及第（2）款所述事项之外的国务大臣获悉的地址。

（5）针对第（3）款、第（4）款的规定，受监管主体"收到"通知的时间，是指其相关人员能够首次查看该通知的时间。

（6）在本条中，"电子地址"包括可以使书面电子通信定向发送到特定接收者处的各种形式的信息。

第 42 条　信息保护

（1）本条适用于下列情形中获取的信息：

（a）根据第 14 条第（1）款和第（2）款所述的授权要求或者运营商许可条例；

（b）作为行使第 17 条、第 18 条、第 29 条规定的权力的结果；

（c）根据第 40 条制定的条例。

（2）在本条中，"接收者"是指：

（a）根据第（1）款所述获取信息的人员；

（b）知悉披露信息的其他人。

（3）国务大臣有权制定条例，授权接收者：

（a）为条例规定的目的向他人披露信息；

（b）将信息用于获取信息以外的其他目的。

（4）未经根据依第（3）款制定的条例或者其他法规的授权，存在下列情形的，接收者构成犯罪：

（a）向他人披露信息；

（b）将信息用于获取信息以外的用途。

（5）下列事项可以作为抗辩事由：

（a）第（1）款所述的信息提供者同意披露或者使用信息；

（b）接收者有合理理由相信披露或者使用是合法的；

（c）在披露信息的情形下，信息已向他人合法披露。

（6）构成第（4）款所规定的犯罪的，承担下列刑事责任：

（a）在英格兰和威尔士，经简易程序审理定罪，可以判处罚金；

（b）在苏格兰，经简易程序审理定罪，可以判处不超过法定最高额的罚金；

（c）经公诉定罪，可以判处罚金。

（7）根据第一部分制定的授权信息披露或者使用的条款，不得涉及可能损害他人商业利益的信息。除非：

（a）该条款另有规定；

（b）披露、使用信息的人员有理由认为其对于该条款目的而言是必要的。

第 43 条　费用

（1）若费用是根据第 6 条第（5）款、第 13 条第（3）款第（b）项第（ii）目规定应当支付的，则可以参照国务大臣或者交通专员在履行第一部分职能时产生的费用确定，不论其与费用用途是否直接相关。

（2）但在确定第一部分的费用金额时，不得多次计算同一笔费用。

（3）根据依第 13 条制定的条例，交通专员收到的款项应当按财政部指示的方式汇入统一基金。

第 44 条　条文释义

（1）在第一部分中：

"授权条件"参照第 5 条第（2）款中的含义。

"授权要求"参照第 5 条所提出的要求。

"经授权的自动驾驶功能"是指根据第 4 条第（1）款在自动驾驶汽车授权中确定的功能。

"授权地点和条件"：

（a）若涉及授权驾驶员控制功能，是指根据第 4 条第（3）款第（c）项规定的地点和条件；

（b）若涉及经授权的自动驾驶汽车，是指与授权驾驶员控制功能相关的地点和条件。

"经授权的无人控制的自动驾驶功能"是指操作模式为无驾驶员负责的自动驾驶功能。

"经授权的自动驾驶主体"是指根据第 6 条第（1）款所述的授权要求临时指定的人员。

"授权驾驶员控制功能"是指操作模式为有驾驶员负责的自动驾驶功能。

"自动驾驶汽车授权"是指根据第 3 条作出的授权。

"控制"及相关表述参照第 1 条第（6）款中的含义。

车辆"设备"包括软件，以及与车内设备交互的其他车外电子设备。

"功能"参照第 1 条第（4）款中的含义。

"原始授权要求"参照第 5 条第（1）款第（a）项所述的授权要求。

"调查目的"参照第 16 条第（1）款中的含义。

"无人控制的自动驾驶汽车持证运营商"是指根据运营商许可条例获得牌照的人员。

"无人控制的自动驾驶汽车行程"参照第 12 条第（2）款中的含义。

"持续授权要求"是指第 5 条第（1）款第（b）项所述的授权要求。

"运营商许可条例"是指根据第 12 条制定的条例。

"监管"，就无人控制的自动驾驶汽车行程而言，参照第 12 条第（3）款中的含义。

"场所"包括所有土地。

"受监管主体"是指经授权的自动驾驶主体或者无人控制的自动驾驶汽车持证运营商。

"监管要求"是指授权要求或者运营商许可条例所作的要求。

"安全"参照第 1 条第（7）款中的含义。

"安全原则声明"是指根据第 2 条目前有效的声明。

"接管请求"和"过渡期间"参照第 7 条第（2）款中的含义。

"自主行驶"及相关表述参照第 1 条第（5）款中的含义。

"有人控制的自动驾驶汽车驾驶员"参照第二部分中的含义（参见第 46 条）。

"变更"及相关表述，就自动驾驶汽车授权而言，参照第 9 条第（1）款中的含义。

（2）针对第一部分的规定，当授权自动驾驶功能启用时，若驾驶员控制车辆，则车辆实施的行为构成违反交通法规：

（a）相当于驾驶员犯罪；

（b）导致其根据交通法规需支付罚款。

（3）针对第（2）款第（a）项的规定，假定无法证明相关人员的精神状态。

（4）针对第一部分的规定，受监管主体对经授权的自动驾驶汽车"负责"：

（a）针对经授权的自动驾驶主体，当其系车辆的驾驶责任人时；

（b）针对无人控制的自动驾驶汽车持证运营商，当车辆由其监管下进行无驾驶员负责的行程时。

（5）第一部分有关"启用"或者"终止"授权驾驶员控制功能的问题，参照第 4 条第（3）款第（b）项确定。

第 45 条　相关修订

附表二对第一部分的相关内容作出修订。

第二部分　驾驶车辆的刑事责任

第一章　有人控制的自动驾驶汽车驾驶员的法律地位

第 46 条　"有人控制的自动驾驶汽车驾驶员"的含义

"有人控制的自动驾驶汽车驾驶员"的定义是：

（a）车辆系具有授权驾驶员控制功能的自动驾驶汽车；

（b）已启用此功能；

（c）驾驶人处于驾驶位上，尚未着手驾驶。

第 47 条　驾驶员免责事由

（1）若第（2）款或者第（3）款适用（除第 48 条另有规定外），则驾驶员不因驾驶方式不当而构成犯罪。

（2）当事人在犯罪行为发生时系驾驶员的，适用本款规定。

（3）符合下列情形的，适用本款规定：

（a）损害由车辆所致，而当事人系有人控制的自动驾驶汽车驾驶员；

（b）损害并非其驾驶员身份终止后，实施的行为未能达到特定情况下对某个谨慎称职的驾驶员所合理期待的标准。

（4）根据本条规定，车辆驾驶的方式：

（a）包括使用汽车信号及照明设备等情形；

（b）不包括驾驶员条件或者资格。

第 48 条　责任豁免的例外情形

（1）下列情形发生后实施犯罪行为的，第 47 条第（1）款不适用：

（a）已根据授权要求发出接管请求；

（b）过渡期间已经结束。

（2）但因车辆违反第 7 条第（3）款第（e）项所述的授权要求导致犯罪发生的，第（1）款不适用。

（3）犯罪行为符合下列情形的，第 47 条第（1）款不适用：

（a）发生于车辆处于停放或者静止状态；

（b）驾驶员此时主动离开车辆。

（4）因未支付规定费用，致使车辆进入或者停留在特定道路及其他区域而引发犯罪的，第 47 条第（1）款不适用。

（5）存在下列情形的，若犯罪行为满足本条第（6）款的条件，第 47 条第（1）款不适用：

（a）第 47 条第（2）款所述情形下的犯罪行为；

（b）第 47 条第（3）款所述情形下车辆所致的犯罪行为。

（6）条件包括：

（a）超越授权地点和条件范围启用授权驾驶员控制功能；

（b）驾驶员故意破坏车辆设备造成该结果，或者明知他人以此方式造成该结果。

第 49 条　驾驶员承担责任的情形

（1）结合立法目的，有人控制的自动驾驶汽车驾驶员应当负责驾驶车辆。

（2）第（1）款的规定：

（a）根据第 47 条，法规对驾驶员适用，如同对实际行为方式与其相同的驾驶员适用；

（b）并非车辆实施的所有决策都应当被视作由驾驶员所引起的。

（3）若某人系某一期间的驾驶员，此后不再控制车辆，则本条对其继续适用，如同适用于驾驶员，直至发生下列情形：

（a）其他人成为驾驶员或者控制车辆；

（b）终止授权驾驶员控制功能。

第50条　修改或者解释现行交通法规的权力

（1）国务大臣有权制定条例，变更或者解释相关法规是否、如何以及在何种情况下适用于驾驶员。

（2）"相关法规"是指：

（a）在相关日期前（含当日）通过或者制定的；

（b）与驾驶车辆相关的。

（3）根据本条制定的条例有权修改在相关日期前（含当日）通过或者制定的法规。

第51条　补充条款

（1）在本法后通过、制定的法规应当受第47条至第49条的约束，但存在明确相反规定的除外。

（2）在刑事诉讼中主张适用第47条第（1）款的当事人应当证明：

（a）其系当时的驾驶员；

（b）无法适用第48条第（1）款，但主张适用第48条第（2）款的除外。

（3）在刑事诉讼中主张适用第48条第（2）款的当事人应当提供充分证据，证明该条适用于所涉问题。满足这一条件的，方可适用该条，但存在超出合理怀疑的相反证据时除外。

（4）符合下列情形的，适用第（5）款：

（a）自动驾驶汽车授权已被变更、中止或者撤销；

（b）没有合理理由期待行为人知情；

（c）行为人根据变更、中止或者撤销前的授权驾驶车辆。

（5）第47条至第49条以及根据第50条所制定的条例适用于

上述情形，如同适用于没有发生变更、中止或者撤销时的情形。

第 52 条　条文释义

（1）下列各款适用于本章。

（2）"有人控制的自动驾驶汽车驾驶员"参照第 46 条中的含义。

（3）下列术语与第一部分中的所述含义相同：

"授权要求"［参见第 44 条第（1）款］；

"授权地点和条件"［参见第 44 条第（1）款］；

"授权驾驶员控制功能"［参见第 44 条第（1）款］；

"控制""正在控制"［参见第 1 条第（6）款、第 44 条第 1 款］；

"设备"［参见第 44 条第（1）款］；

"接管请求""过渡期间"［参见第 7 条第（2）款、第 44 条第（1）款］；

"变更"［参见第 9 条第（1）款、第 44 条第（1）款］。

（4）第 44 条第（5）款（确定何时启用或者终止功能授权）的适用，与适用于第一部分相同。

（5）"相关日期"是指通过该法案的议会会议的最后一天。

（6）凡被判处罚金的，均视为犯罪行为。

第二章　犯罪行为

第 53 条　在无驾驶员或者许可证监管时驾驶车辆

（1）在《1988 年道路交通法》第 35 条前的斜体标题前添加"在无人操控的情况下驾驶车辆

34B 在无驾驶员或者自动驾驶持证运营商监管时驾驶车辆

（1）存在下列情形的，行为人构成犯罪：

（a）驾驶车辆，致使或者允许他人在道路及其他公共场所驾驶车辆。

（b）以下列方式驾驶车辆：

（i）车辆系机动车；

（ii）无人进行操控或者处于驾驶位。

（c）第（2）款无法适用。

（2）符合下列条件的适用本款：

（a）在第（1）款第（b）项条件满足时，经授权的无人控制的自动驾驶功能始终处于启用状态；

（b）车辆行驶过程中由无人控制的自动驾驶持证运营商监管。

（3）被指控违反本条规定的行为人可以证明，在该行为发生时，其不知道且没有合理理由知道：

（a）事实如第（1）款第（b）项所述；

（b）事实并非如第（2）款所述。

（4）若车辆设计目的超越下列用途，则第（1）款不适用在道路以外的公共场所驾驶车辆：

（a）载客；

（b）载货。

（5）《2024年自动驾驶汽车法案》第44条适用于本条的解释，如同其适用于该法第一部分的解释。

（6）本条所称'道路车辆'，是指拟用于或者适用于上路行驶的机动车。

34C 在无驾驶员或者自动驾驶持证运营商监管时驾驶车辆致人死亡或者重伤

（1）存在下列情形的，行为人构成犯罪：

（a）构成第34B条所规定的犯罪；

（b）以构成上述犯罪的方式驾驶车辆致人死亡。

（2）存在下列情形的，行为人构成犯罪：

（a）构成第 34B 条所规定的犯罪；

（b）以构成上述犯罪的方式驾驶车辆致人重伤。

（3）在本条中，'重伤'参照第 1A 条第（2）款中的含义。"

（2）在《1988 年道路交通法》附表二第一部分的适当位置添加：

《道路交通法》第 34B 条	在无驾驶员或者自动驾驶持证运营商监管时驾驶车辆	（a）简易程序（b）公诉	（a）在英格兰和威尔士，经简易程序审理定罪，可以判处不超过治安法庭一般限制的有期徒刑或者罚金（或者二者并处）。在苏格兰，经简易程序审理定罪，可以判处一年以下有期徒刑或者不超过法定最高额的罚金（或者二者并处）。（b）经公诉定罪，可以判处两年以下有期徒刑或者罚金（或者二者并处）	自由裁量	自由裁量	6
《道路交通法》第 34C 条第（1）款	在无驾驶员或者自动驾驶持证运营商监管时驾驶车辆致人死亡	公诉	无期徒刑	强制规定	强制规定	3-11

| 《道路交通法》第34C条第（2）款 | 在无驾驶员或者自动驾驶持证运营商监管时驾驶车辆致人重伤 | （a）简易程序（b）公诉 | （a）在英格兰和威尔士，经简易程序审理定罪，可以判处不超过治安法庭一般限制的有期徒刑或者罚金（或者二者并处）。在苏格兰，经简易程序审理定罪，可以判处一年以下有期徒刑或者不超过法定最高额的罚金（或者二者并处）。（b）有期徒刑五年或者罚金（或者二者并处） | 强制规定 | 强制规定 | 3-11 |

（3）附表三就本条上述款项作出修订。

第 54 条　危险驾驶

（1）在《1988 年道路交通法》第 3A 条后添加"3B 对有人控制的自动驾驶汽车驾驶员不适用的规定"。

根据《2024 年自动驾驶汽车法案》第 47 条的规定（经授权的自动驾驶汽车驾驶员对驾驶方式不承担责任），上述各条规定的犯罪行为应当视为因车辆驾驶方式而引起。

"3C 在危险状态下驾驶汽车"。

（1）存在下列情形的，行为人构成犯罪：

（a）其系有人控制的自动驾驶汽车驾驶员；

（b）车辆行驶在道路或者公共场所；

（c）当授权驾驶员控制功能启动时，作为一个称职谨慎的驾驶员显然能够发现，以目前方式驾驶车辆将会产生危险。

（2）根据本条第 1 款规定，在适用第 2A 条第（3）款和第（4）款时应作出必要调整，如同其适用于该条第（2）款。

"3D 驾驶处于危险状态的车辆致人死亡或者重伤"。

（1）存在下列情形的，行为人构成犯罪：

（a）其行为构成第 3C 条所规定的犯罪；

（b）驾驶处于危险状态的车辆致人死亡。

（2）存在下列情形的，行为人构成犯罪：

（a）其构成第 3C 条所规定的犯罪；

（b）驾驶处于危险状态的车辆致人重伤。

（3）在本条中，"重伤"参照第 1A 条第（2）款中的含义。

（4）本条所述"驾驶处于危险状态的车辆"，是指第 3C 条所规定犯罪的车辆情形和状态。

（2）在《1988 年道路交通法》第 22A 条之后添加：

"22B 车辆对道路使用者造成危险，致人死亡或者重伤

（1）存在下列情形的，行为人构成犯罪：

（a）其行为构成第 22A 条所规定的犯罪；

（b）行为导致自动驾驶汽车发生交通违法；

（c）致人死亡或者重伤。

（2）在本条中，'重伤'参照第 1A 条第（2）款中的含义。

（3）本条不适用于苏格兰。"

（3）在《1988 年道路交通法》附表二第一部分（起诉、处罚该法规定的犯罪行为）的适当位置添加：

《道路交通法》第3C条	在危险状态下驾驶车辆	（a）简易程序（b）公诉	（a）在英格兰和威尔士，经简易程序审理定罪，可以判处不超过治安法庭一般限制的有期徒刑或者罚金（或者二者并处）。在苏格兰，经简易程序审理定罪，可以判处一年以下有期徒刑或者不超过法定最高额的罚金（或者二者并处）。（b）经公诉定罪，可以判处两年以下有期徒刑或者罚金（或者二者并处）	强制规定	强制规定	3-11
《道路交通法》第3D条第（1）款	在危险状态下驾驶车辆致人死亡	公诉	无期徒刑	强制规定	强制规定	3-11
《道路交通法》第3D条第（2）款	在危险状态下驾驶车辆致人重伤	（a）简易程序（b）公诉	（a）在英格兰和威尔士，经简易程序审理定罪，可以判处不超过治安法庭一般限制的有期徒刑或者罚金（或者二者并处）。在苏格兰，经简易程序	强制规定	强制规定	3-11

			审理定罪，可以判处一年以下有期徒刑或者不超过法定最高额的罚金（或者二者并处）。(b) 有期徒刑五年或者罚金（或者二者并处）			
《道路交通法》第22B条	车辆对道路使用者创设危险，致人死亡或者重伤	公诉	有期徒刑十四个月或者罚金（或者二者并处）			

（4）附表三针对本条上述各款作出修订。

第 55 条　对干扰罪的修订

针对《1988 年道路交通法》第 25 条（干扰机动车辆）的规定：

（a）现有条文成为第（1）款。

（b）在该款后添加：

"（2）根据第（1）款规定，'车辆的机械装置'包括：

（a）车内或者车辆上的全部设备，其设计目的是使车辆行驶除可以由车内人员控制外，亦可以由他人或者便于他人控制；

（b）所有此类设备中安装的软件或者存储的其他电子信息。"

第 56 条　对关于安装不适当车辆部件的犯罪行为的修订

针对《1988 年道路交通法》第 76 条（安装、提供有缺陷或者不适当的车辆部件），在末尾添加：

"（11）在本条中：

（a）'车辆部件'包括软件［第（5）款第（a）项除外］；

（b）'对车辆部件进行适配'包括在车辆内部安装软件或者以其他方式使软件与车辆进行交互。"

第三部分　警务和调查

第一章　拦截扣押

第 57 条　拦截权的适用

（1）第（2）款适用于下列情形：

（a）认为车辆启用自动驾驶功能；

（b）根据法规，若驾驶员控制车辆，有权指令驾驶员停车或者采取其他措施。

（2）其可以通过与车载设备的适当通信向驾驶员发出指令。

（3）为上述目的，应当确保车辆设备能够接收通信并作出反应。

（4）在界定是否满足第（3）款时，应当考虑：

（a）相关授权要求或者运营商许可条例；

（b）设备的设计和预期功能。

（5）为确定车辆是否违反交通法规，根据第（2）款作出的指令应当视为向该驾驶员发出的有效指令。

（6）存在下列情形的，有人控制的自动驾驶汽车不遵守指令并不构成交通违法：

（a）车辆立即发出接管请求；

（b）在过渡期间结束前，车辆设备以驾驶员能够理解的方式向其传达指令的实质内容；

（c）响应指令的方式不违反授权要求。

（7）按照第（6）款第（b）项所述的方式传达内容，且不违反授权要求，存在下列情形的，立即对有人控制的自动驾驶汽车驾驶员生效：

（a）其接管车辆控制权；

（b）过渡期结束时，其应当担任驾驶员角色。

第 58 条　扣押和拘留

（1）存在下列情形的，经授权的官员有权扣押或者扣留车辆（可以使用合理武力）：

（a）发现车辆正在行驶、即将行驶或者近期在道路及其他公共场所行驶；

（b）满足第（2）款和第（3）款的规定。

（2）若经授权的官员合理怀疑车辆涉及、可能涉及或者过去涉及下列情形，则符合本款要求：

（a）构成《1988 年道路交通法》第 34B 条所规定的犯罪；

（b）违反交通法规；

（c）车辆在道路或者其他公共场所行驶时，无人控制车辆或者处于驾驶位上，对车辆行驶安全造成危险；

（d）车辆在无人控制的情况下行驶时，以其他方式对公众造成风险或者不便。

（3）为下列目的，若经授权的官员有合理理由认为有必要扣押、扣留车辆，则符合本款要求：

（a）防范、制止犯罪或者交通违法行为。

（b）防范、制止对公众造成风险或者不便。

（c）通过查询能够确定：

（i）车主、登记保管人、驾驶员或者车辆负责人；

（ii）经授权的自动驾驶主体；

（iii）正在、将要或者曾经监督车辆行驶的运营商。

（4）国务大臣有权通过条例规定车辆扣押和扣留的后果；除非此类规定有效，否则不得行使第（1）款中的权力。

（5）根据第（4）款制定的条例应当确保：

（a）车主知晓扣留状态并能够取回车辆；

（b）在此期间，妥善保管车辆。

（6）第（5）款第（a）项并不排斥：

（a）以支付适当费用作为取回车辆的条件［参见第（7）款第（a）项］。

（b）在完成下列事项之前，赋予扣留车辆的权力：

（i）查询第（3）款第（c）项中的所述内容；

（ii）车辆扣押相关事项所引起的调查或者诉讼（包括根据第一部分第五章发出的强制执行合规通知、赔偿通知或者罚款通知的诉讼）。

（c）取回车辆的权利同时服从于除本条以外其他规定的权力。

（7）根据第（4）款制定的条例有权：

（a）要求车主支付合理费用；

（b）根据第（5）款第（a）项，对处置车辆作出规定；

（c）对处置所得的归属作出规定；

（d）规定某人应当视为或者推定为车主［第（5）款和第（a）项中所述的"车主"应当参照理解］。

（8）在本条中，"经授权的官员"是指：

（a）警察；

（b）根据《1988年道路交通法》第66A条任命的审查员。

第59条　条文释义

（1）本条适用于本章。

（2）"指令"包括所有形式的指示或者要求。

（3）"登记保管人"是指根据《1994年车辆管制及登记法案》以自己名义登记车辆的人员。

（4）下列术语与第一部分中的所述含义相同：

"授权要求"［参见第44条第（1）款］；

"授权自动驾驶功能"［参见第44条第（1）款］；

"经授权的自动驾驶主体"［参见第44条第（1）款］；

"授权驾驶员控制功能"［参见第44条第（1）款］；

"控制"［参见第1条第（6）款、第44条第（1）款］；

"设备"［参见第44条第（1）款］；

"无人控制的自动驾驶汽车持证运营商"［参见第44条第（1）款］；

"运营商许可条例"［参见第44条第（1）款］；

"监管"［参见第12条第（3）款］；

"接管请求""过渡期间"［参见第7条第（2）款、第44条第（1）款］。

（5）第44条第（2）款（车辆交通违法行为）和第（5）款（确定功能何时"启用"或者"终止"的授权）适用于第一部分的规定。

（6）"驾驶员"参照第46条中的含义。

第二章　法定督察员调查事故

经授权的自动驾驶汽车事故督察员

第60条　督察员的作用

（1）国务大臣应当任命至少一人作为自动驾驶汽车事故的督

察员。

（2）督察员应当符合下列条件：

（a）国家公务员；

（b）按照国务大臣确定的条件选任；

（c）并且根据国务大臣的安排，在其他高级督察员的指导下行使职能。

（3）国务大臣有权通过条例就如何行使督察员职能作出进一步规定。

第 61 条 督察员的目标

（1）督察员的主要目标是识别、深入了解并减少自动驾驶汽车在英国道路上的不当风险。

（2）但不包括确认当事人的事故责任。

（3）督察员应当在本章目标的范围内行使职权。

调　查

第 62 条 调查事故的综合权力

（1）若发生"相关事故"，督察员有权进行调查并确定原因（但不负责确定责任）。

（2）"相关事故"是指：

（a）发生于英国道路上；

（b）事故系自动驾驶汽车导致；

（c）对人身或者财产具有现实或者潜在的危险；

（d）无国务大臣的其他特别规定。

（3）符合下列条件的，亦定义为"相关事故"：

（a）发生于英国。

（b）涉案车辆为自动驾驶汽车。

（c）或者：

（i）若发生于道路上，则属于第（2）款的范围；

（ii）可能导致第（2）款所述事故的情形。

（4）第63条至第65条的规定均不得限制督察员在不依靠强制手段下为调查目的所实施的各种行为。

第63条　针对相关人员的权力

（1）若督察员认为确有必要进行调查，有权要求相关人员：

（a）以督察员认为适当的方式，向其提供或者允许其接触信息、物品、材料。

（b）不得接触、扰乱、移动或者变更督察员指定的物品。

（2）为调查目的，国务大臣有权制定条例，授权督察员要求相关人员提供其他形式的协助。

第64条　针对场所的权力

（1）若督察员认为确有必要对场所进行调查，有权行使第（2）款所列举的权利。

（2）本款规定的权力包括：

（a）进入场所。

（b）搜查场所。

（c）检查场所内的文件、设备、其他物品或者材料（包括操作计算机或者其他设备以获取信息）。

（d）扣押场所内的文件、设备、其他物品或者材料并移送。

（e）以各种形式记录场所的文件、设备、其他物品或者材料的信息，以及其中包含的信息，或者能够借此获取的其他信息。

（f）为下列目的，要求场所内的其他人提供资料或者协助：

（i）使督察员能够或者便于行使上述权力；

（ii）便于督察员对所审查、扣押或者记录的事项进行理解。

（3）除非督察员认为记录难以满足调查需要，否则不得扣押、移送物品。

（4）督察员可以令他人随同进入，或者携带设备、材料进入场所，以协助行使第（2）款所列权力。

（5）若其他执法人员在督察员的陪同和监督下进入场所，其有权代表督察员行使权力。

（6）督察员或者其他行使第（2）款职权的执法人员有权在必要时使用合理武力［执行第（2）款第（f）项的规定除外］，但应当由一名警察陪同。

（7）督察员只能根据治安法官签发的搜查令行使第（2）款中的权力，除非情形紧迫，继续等待同意或者令状签发将有碍调查。

（8）根据第（7）款签发的搜查令：

（a）仅在治安法官根据督察宣誓时的说明或者提供的证据，认为为了调查目的确有必要行使上述第（2）款规定权力的情况下才予以签发。

（b）相关职权：

（i）应当在合理时间内行使；

（ii）应当自签发之日起一个月内行使；

（iii）原则上"一令一查"，但搜查令另有规定的除外。

（c）可以在符合进一步条件或者限制的情况下签发。

（9）根据本条规定进入场所的督察员：

（a）应场所管理者的要求，应当出示身份证明和授权证明。

（b）若根据搜查令进入场所：

（i）应尽早（进入场所前）向场所管理者提供搜查令副本；

（ii）若在进入场所时无法提供搜查令副本，应当将原件放置在场所的醒目位置；

（iii）并于合理期限内尽快将搜查令交还给签发的法院，同时简要说明第（2）款所列职权的行使情况。

（c）若没有场所管理者在场，则应当让场所保持到来时的有效阻止侵入者入内的安全保护状态。

（d）应当制作并留存针对场所行使权力的书面记录。

（10）国务大臣应当在适当的时间间隔公布根据第（2）款行使相关权力的信息。

（11）若根据第（7）款签发的搜查令未被执行，督察员应当在合理期限内尽快将搜查令退还给签发的法院，并说明其未执行。

（12）本条所述的治安法官包括苏格兰的行政司法长官。

第 65 条　针对道路交通的权力

（1）为调查目的，督察员有权：

（a）指令道路上行驶的车辆或者骑乘动物：

（i）停止行进；

（ii）使其在特定的交通道路上行驶。

（b）指令在道路上或者路边的行人停下。

（2）可以通过在下列区域设置交通标志来实现该指令：

（a）在道路上；

（b）在道路旁；

（c）在道路或者路边的建筑物上。

（3）督察员应当自放置该标志之日起七日内拆除标志；期限届满后仍未拆除的，不具有效力。

第 66 条　妨碍调查罪

（1）存在下列情形的，行为人构成犯罪：

（a）故意妨碍他人行使第 63 条、第 64 条和第 65 条所赋予的权力；

（b）无正当理由不遵守他人行使上述权力时向其提出的要求；

（c）在回应要求时发表严重虚假或者误导性内容，存在故意或者重大过失。

（2）假冒督察员并声称正在开展调查的，行为人构成犯罪。

（3）不遵守第 65 条规定的，行为人构成犯罪。

（4）行为人构成第（1）款、第（2）款所规定的犯罪的，承担下列刑事责任：

（a）在英格兰和威尔士，经简易程序审理定罪，可以判处不超过治安法庭一般限制的有期徒刑或者罚金（或者二者并处）；

（b）在苏格兰，经简易犯罪程序审理定罪，可以判处一年以下有期徒刑或者不超过法定最高额的罚金（或者二者并处）；

（c）经公诉定罪，可以判处两年以下有期徒刑或者罚金（或者二者并处）。

（5）实施第（3）款所规定，经简易程序审理定罪，可以根据标准级别判处不超过第 3 级的罚金。

（6）附表四针对第（3）款所规定的犯罪作出修订。

第 67 条　针对警察的适用

（1）若符合根据第（3）款所制定的条例，督察员有权对警察行使第 63 条至第 65 条规定的权力。

（2）特别是：

（a）督察员有权要求警察提供其或者所属部队、机构掌握的，与警察、部队、机构所涉调查有关的信息、物品或者材料。

（b）若警察与督察员正同时调查一起事故，则督察员有权要求该警察：

（i）允许督察员进入警察正在调查的场所；

（ii）允许督察员接触与调查相关的信息、物品或者材料；

（iii）允许督察员先行会见证人（包括犯罪嫌疑人）。

（3）国务大臣有权通过条例规定下列事项：

（a）督察员不得对警察行使权力；

（b）警察无须遵守督察员的要求；

（c）警察不构成第 66 条所规定的犯罪。

第 68 条　调查结果报告

（1）督察员应当向国务大臣报告调查结果。

（2）尽管报告不得就法律责任发表意见，但不妨碍督察员根据第 61 条第（2）款以及第 62 条第（1）款，作出法律责任的推断性结论。

（3）国务大臣有权制定条例就本条规定的报告作出进一步规定。

（4）条例有权针对下列事项作出特别规定：

（a）报告的形式；

（b）报告提交的时间；

（c）报告应当或者不得提出建议的情形；

（d）利害关系人是否有权对报告草案发表意见以及如何发表意见；

（e）报告的公开；

（f）报告在司法程序中的可采性；

（g）督察员如何监督并根据报告中的建议采取进一步措施。

第 69 条　指派更多执法人员行使调查权力

（1）国务大臣有权通过条例规定：

（a）要求或者允许督察员指派执法人员参与调查；

（b）为调查目的授予其督察的权力。

（2）根据本条的规定，被赋予职能的人员应当代表国家行使职能（应视为《1947年皇家法律程序法》中所指的政府官员）。

补充性权力

第70条　针对信息和材料的附加性权力

（1）国务大臣有权制定条例，明确要求其他人以规定的方式向督察员提供或者允许其访问第63条要求以外的信息、物品或者材料。

（2）根据本条制定的条例应当具体说明提供信息、物品或者材料之目的（应当为调查目的或者基于督察的其他职能）。

（3）根据本条制定的条例有权订立相关罪名（详见第76条）。

第71条　从警方获取报告

（1）国务大臣有权依据条例要求警长向督察员报告下列事故：

（a）发生在警长管辖范围之内的；

（b）符合条例所规定条件的。

（2）根据本条制定的条例，有权将此项规定限于督察员要求提交报告的情形。

（3）根据本条制定的条例，应当确保仅报告（可能被认定为的）相关事故。

（4）根据本条制定的条例，有权规定报告的时间、形式和内容。

第72条　辅助职能

（1）督察员有权：

（a）制作、发布有关自动驾驶汽车的安全性报告或者调查报告。

（b）支持第（3）款所述人员的职能。

（c）不论是否收费，协助英国境内外其他执法人员实现下列目的：

· 234 ·

（i）为实现第 61 条之目的；

（ii）英国境外的同等目的。

（d）行使督察员认为有助于实现上述目的的其他职能。

（2）国务大臣有权制定条例：

（a）要求督察员以条例中指明的方式行使第（1）款的权力；

（b）限制行使此类权力的方式。

（3）第（1）款第（b）项中所称的人员包括：

（a）根据《1995 年商船航运法》第 267 条，被任命为海上事故督察员的人员；

（b）根据《1982 年民用航空法》第 75 条制定的条例，负责调查航行事故的人员；

（c）根据《2003 年铁路和运输安全法》第 3 条，被任命为铁路事故督察员的人员；

（d）根据《2018 年空间工业法》第 20 条制定的条例，调查空间飞行活动事故的人员；

（e）督察员认为与其职能相当的其他人员，或者上述人员，不论是否在英国境内。

补充条款

第 73 条　信息保护

（1）本条适用于督察员行使职权时获取的相关信息。

（2）国务大臣有权通过条例规定：

（a）授权督察员为条例目的向他人披露信息的条款；

（b）相关信息处理方式的其他条款。

（3）条例有权就下列事项作出特别规定：

（a）允许、要求保留或者销毁信息；

（b）拒绝行使法案规定的、本可以用于获取信息的权力；

（c）对司法程序中信息的可采性作出规定；

（d）赋予法院或者法庭管辖权。

（4）第（5）款适用于：

（a）督察员；

（b）代表督察员获取信息的执法人员；

（c）直接或者间接从督察员处获得信息的其他人（通过公开方式除外）。

（5）存在下列情形的，行为人构成犯罪，除非第三部分或者其他法规另有授权规定：

（a）向其他人披露相关信息；

（b）将信息用于获取目的以外的用途。

（6）下列情形可以作为抗辩事由：

（a）信息提供者同意披露或者使用信息；

（b）适用第（5）款的当事人有理由相信该披露或者使用是合法的；

（c）在披露信息的情形下，该信息已向他人合法披露。

（7）构成第（5）款所规定的犯罪的，承担下列刑事责任：

（a）在英格兰和威尔士，经简易程序审理定罪，可以判处不超过治安法庭一般限制的有期徒刑或者罚金（或者二者并处）；

（b）在苏格兰，经简易程序审理定罪，可以判处一年以下有期徒刑或者不超过法定最高额的罚金（或者二者并处）；

（c）经公诉定罪，可以判处两年以下有期徒刑或者罚金（或者二者并处）。

第74条 关于物证的进一步规定

（1）本条适用于督察员根据第63条、第64条或者依第70条制定的条例所获取的物品或者材料。

（2）督察员须根据物品或者材料提供者的要求：

（a）对物品或者材料开具清单；

（b）对于便于复制的文件，应当提供一份副本。

（3）若督察员认为确有必要，可以由其保管相关物品或者材料。

（4）为实现目的，督察员有权：

（a）检查物品或者材料（必要时使用合理武力）；

（b）以各种形式记录从物品和材料中获取的信息。

（5）国务大臣有权制定条例进一步规定如何处理督察员依职权获取的物品和材料。

（6）条例有权针对下列事项作出特别规定：

（a）授权保留某一物品或者材料，或者授权的相关物品和材料得以用于其获得目的以外的其他目的；

（b）授权将物品或者材料交付给所有者以外的其他人；

（c）授权销毁物品或者材料；

（d）对司法程序中相关物品或者材料的可采性作出规定；

（e）订立罪名（详见第76条）；

（f）赋予法院或者法庭管辖权。

第75条　开支

（1）关于履行职能所产生的相关开支、费用或者损失，国务大臣有权制定条例，授权：

（a）国务大臣向其他人追偿；

（b）其他人（包括督察员）向国务大臣追偿。

（2）根据本条制定的条例有权赋予法院或者法庭管辖权。

第76条　条例规定的犯罪

（1）若根据本章制定的条例订立了罪名，有权规定该犯罪的审理方式：

（a）仅适用简易程序；

（b）适用简易程序或者公诉。

（2）若条例规定该罪仅能以简易程序审理，有权规定构成相关犯罪承担下列刑事责任：

（a）在英格兰和威尔士，经简易程序审理定罪，可以判处不超过最高刑期的有期徒刑或者罚金（或者二者并处）。

（b）在苏格兰，经简易程序审理定罪，可以判处一年以下有期徒刑，或者根据标准级别判处不超过第 3 级的罚金（或者二者并处）；

或者判处上述情况下某种较轻的刑罚。

（3）若条例规定犯罪可以适用简易程序或者公诉程序审理，有权规定构成相关犯罪承担下列刑事责任：

（a）在英格兰和威尔士，经简易程序审理定罪，可以判处不超过治安法庭一般限制的有期徒刑或者罚金（或者二者并处）。

（b）在苏格兰，经简易程序审理定罪，可以判处一年以下有期徒刑或者不超过法定最高额的罚金（或者二者并处）。

（c）经公诉定罪，可以判处两年以下有期徒刑或者罚金（或者二者并处）；

或者判处上述情况下某种较轻的刑罚。

第 77 条　条文释义

在本章中：

"经授权的自动驾驶汽车"包括曾属于，但现已不属于第 94 条含义范围内的车辆；

"住宅"是指完全或者主要用于居住的场所（包括花园、庭院、外屋或者其他非由多名住户共同使用的附属设施）；

"督察员"是指根据第 60 条任命，以及根据第 69 条第（1）

款第（b）项的规定进一步行使权力的人员；

"调查"是指根据第 62 条所实施的调查；

"场所"包括所有土地；

"相关事故"参照第 62 条中的含义；

"交通标志"参照《1984 年道路交通管理法》第 64 条第（1）款中的含义。

第四部分　销售限制

第 78 条　对经授权的自动驾驶汽车的某些条款的限制

（1）国务大臣有权通过条例规定，仅在涉及经授权的自动驾驶汽车时，才可以使用与其相关的文字、表达方式、符号或者标记。

（2）存在下列情形的，行为人构成犯罪：

（a）使用、致使或者允许他人使用与道路车辆的促销或者供应有关的限制性用语；

（b）在业务过程中实施；

（c）针对车辆的（潜在）最终驾驶员使用该限制性用语；

（d）可以合理预期使用该用语将引起英国境内的车辆（潜在）最终驾驶员的注意；

（e）该车辆不是适当的车辆。

（3）存在下列情形的，行为人构成犯罪：

（a）在推广或者供应拟用作道路车辆设备的产品时使用、致使或者允许他人使用限制性用语；

（b）在业务过程中实施；

（c）针对车辆的（潜在）最终驾驶员使用该限制性用语；

（d）可以合理预期使用该用语将引起上述群体的注意；

（e）该限制性用语并非专门针对将产品用作适当的车辆的

设备。

（4）被指控违反本条规定的行为人可以证明，该限制性用语的使用方式并非旨在传达，也不可能被理解为传达与自动化有关的含义。

（5）下列事项可以作为抗辩事由：

（a）使用该限制性用语仅针对英国境外车辆的（潜在）最终驾驶员。

（b）其已经采取了一切合理的预防措施并实施尽职调查：

（i）阻止使用该限制性用语将引起英国境内道路车辆（潜在）最终驾驶员的注意；

（ii）或者确保此类（潜在）最终驾驶员了解该限制性用语并非针对他们。

（6）下列事项可以作为抗辩事由：

（a）其所从事的业务不涉及相关车辆或者设备的制造、供应；

（b）系在另一项业务活动中使用该限制性用语；

（c）其不知道也没有理由怀疑使用该限制性用语将构成本条规定的犯罪。

（7）违反本条规定的，承担下列刑事责任：

（a）在英格兰和威尔士，经简易程序审理定罪，可以判处不超过治安法庭一般限制的有期徒刑或者罚金（或者二者并处）；

（b）在苏格兰，经简易程序审理定罪，可以判处一年以下有期徒刑或者不超过法定最高额的罚金（或者二者并处）；

（c）经公诉定罪，可以判处两年以下有期徒刑或者罚金（或者二者并处）。

（8）在本条中：

"适当的车辆"，就使用限制性用语而言，是指经授权的自动驾驶汽车，在第（1）款中已经明确限制性用语的使用；

"限制性用语"是指根据第（1）款规定的词语、表述、符号或者标记。

（9）针对本条的规定，若行为人使用的词语、表述或者标记与某限制性用语非常相似，以致可能被误认，则视为使用限制性用语。

第79条　可能造成公众混淆自动驾驶能力的表达

（1）存在下列情形的，行为人构成犯罪：

（a）做出、致使或者允许某种表达，该表达与产品或者服务的促销、供应相关；

（b）在业务过程中实施；

（c）针对道路车辆的（潜在）最终驾驶员；

（d）可以合理预见该表达将引起英国境内上述群体的注意；

（e）可能造成上述群体的混淆，即未经授权的自动驾驶汽车能否在英国道路或者其他公共场所自动、安全、合法行驶。

（2）针对本条的规定，假设未经授权的自动驾驶汽车不具备此种能力。

（3）被指控违反本条规定的行为人可以提出抗辩，证明其已采取一切合理的预防措施并进行了尽职调查，以防止上述群体受到第（1）款第（e）项中所描述的混淆。

（4）下列情形可以作为抗辩事由：

（a）其所从事的业务不涉及相关产品的制造、供应或者服务提供；

（b）系在另一项业务活动中所表达的；

（c）其不知道也没有理由怀疑，该表达将构成本条规定的犯罪。

（5）违反本条规定的，承担下列刑事责任：

（a）在英格兰和威尔士，经简易程序审理定罪，可以判处不超过治安法庭一般限制的有期徒刑或者罚金（或者二者并处）；

（b）在苏格兰，经简易程序审理定罪，可以判处一年以下有期徒刑或者不超过法定最高额的罚金（或者二者并处）；

（c）经公诉定罪，可以判处两年以下有期徒刑或者罚金（或者二者并处）。

第 80 条　公司高管等的责任

（1）若：

（a）相关主体构成第 78 条或者第 79 条所规定的犯罪。

（b）行为符合下列情形：

（i）在责任人的同意或者默许下实施；

（ii）或者归因于责任人的过失行为。

（2）在第（1）款中，"相关主体"是指：

（a）法人团体；

（b）合伙企业；

（c）根据外国法律设立的性质类似合伙企业的公司或者其他组织。

（3）在第（1）款中，"责任人"是指：

（a）针对第（b）项所述以外的法人团体，是指董事、经理、秘书或者其他官员；

（b）针对有限责任合伙企业或者根据外国法律设立的类似性质的其他组织，是指参与管理的成员；

（c）针对第（2）款第（c）项所述合伙企业或者其他组织，是指参与管理的合伙人。

（4）第（3）款中提及担任特定职务的人员包括：

（a）若为根据外国法律设立的单位，是指根据该法律担任相应职务的人员；

（b）所有声称担任第（3）款所述职务的人员［包括根据第（a）项理解的职务］。

第 81 条 解释和补充规定

（1）在第 78 条、第 79 条中：

"最终驾驶员"是指在道路或者其他公共场所驾驶车辆的人员，但不包括车辆开发、制造、供应等商业目的的相关人员；

"设备"参照与第一部分中的含义［参见第 44 条第（1）款］；

"产品"包括软件。

（2）在相关条款中，若某项表达可能指向车辆的（潜在）最终驾驶员，则视为针对其的表达。

（3）上述条款规定的犯罪行为可能于所有地方构成。

（4）附表五规定了关于执行第 78 条、第 79 条的条款。

（5）若第 78 条、第 79 条在附表二第 5 条之前生效，则应当理解为所有"经授权的自动驾驶汽车"的相关阐述均包括《2018 年自动和电动车辆法》第 1 条列举的车辆。

第五部分　自动化客运服务许可

许可的内容和效力

第 82 条 实施许可的权力

（1）国家主管当局有权向授予相关人员提供自动化客运服务的许可证。

（2）"自动化客运服务"是指驾驶道路车辆运载乘客的服务，该车辆：

（a）被设计或者改装为自动驾驶汽车；

（b）或者正在进行试验，目的是被开发、设计、改装为自动驾驶汽车。

（3）可以出于下列一项或者两项目的而授予许可证：

（a）确保第 83 条适用（出租车、私人租赁车辆和公共汽车的相关立法排除适用）；

（b）根据第 12 条规定（无人控制的自动驾驶汽车运营商的许可），满足与持有许可有关的要求。

（4）许可证应当注明：

（a）可以提供服务的区域；

（b）可以提供服务的车辆（或者该车辆的详细描述）；

（c）许可证的有效期；

（d）授予许可的全部条件（"许可条件"）。

（5）许可条件可以采取下列形式：

（a）对根据许可证有权提供的服务作出进一步限制；

（b）作为持有许可证的条件，持有者应当履行的义务。

（6）在第（2）款第（a）项中，"自主行驶"与第 1 条中的含义相同［参见第 1 条第（5）款］。

第 83 条　出租车、私人租赁车辆和公共汽车立法的排除适用

（1）第（2）款和第（3）款适用于许可证持有者在允许提供服务的区域内驾驶车辆提供自动化客运服务的情形。

（2）下列车辆均不得视为自动驾驶汽车：

（a）《1847 年城镇警察条款法》《1869 年大都会公共运输法》中定义的出租马车；

（b）《1998 年伦敦预约出租车法》《1975 年普利茅斯市议会法》《1976 年地方政府（杂项规定）法》第 2 条中定义的私人租赁车辆；

（c）《1981 年公共客运车辆法》中定义的公共服务车辆；

（d）《1982 年市民政府（苏格兰）法》第 23 条中定义的出租汽车。

（3）提供自动驾驶服务不应视为《1847 年城镇警察条款法》第 45 条所定义的驾驶、停放或者出租车辆。

第 84 条　违反规定的民事责任

（1）若许可证持有者违反第 82 条第（5）款第（b）项所述的许可条件，构成违反许可证制度。

（2）若许可证持有者存在下列情形，构成违反许可证制度：

（a）（提议）提供包括载客在内的服务；

（b）实施的行为致使（潜在）乘客认为该服务是根据许可证提供的；

（c）该服务并非根据许可证所能提供的。

（3）附表六规定了违反许可证制度的民事责任。

授予许可证前的要求

第 85 条　出租车或者私人租赁车辆等类似服务的同意要求

（1）第（3）款适用于下列情形：

（a）国家主管当局提议授予许可证；

（b）根据拟授予的许可，自动化客运服务可以根据第（2）款的假定条件提供，即要求持有出租车或者私人租赁车辆牌照。

（2）假定条件是：

（a）第 83 条不适用；

（b）（在不会发生其他情形的情况下）提供服务的车辆由个人驾驶。

（3）未经提供服务的所在地区许可机关同意，国家主管当局不得授予许可证。

（4）存在下列情形的，视为许可证授予机构已颁发授权：

（a）相关国家机构以书面形式申请授权。

（b）许可证授予机构在法定期限内：

（i）未作出同意或者拒绝同意的表示；

（ii）拒绝同意但未给出书面理由。

（5）针对第（4）款的规定，"法定期限"是指自提出请求之日起的六周时间内。

（6）在本条中，"出租车或者私人租赁车辆牌照"是指根据：

（a）《1847年城镇警察条款法》第37条、第46条（出租马车：英格兰和威尔士）；

（b）《1869年大都会公共运输法》第6条、第8条（出租马车：伦敦）；

（c）《1975年普利茅斯市议会法》第5条、第9条、第13条（私人租赁车辆：普利茅斯）；

（d）《1976年地方政府（杂项规定）法》第48条、第51条、第55条（私人租赁车辆：英格兰和威尔士）；

（e）《1982年市民政府（苏格兰）法》第10条、第13条（出租车、私人租赁车辆：苏格兰）；

（f）《1998年伦敦预约出租车法》第3条、第7条、第13条（私人租赁车辆：伦敦），"许可证授予机构"是指根据上述规定负责授予许可证的政府机关。

第86条　公共汽车等类似服务的同意要求

（1）第（2）款适用于下列情形：

（a）国家主管当局提议授予许可证；

（b）根据拟授予的许可，有权提供自动化客运服务，但若第

83 条不适用，该服务将受到公交特许经营限制。

（2）未经相关特许经营机构同意，国家机关不得授予许可证。

（3）若该服务是《1985 年运输法》第 2 条所述的当地服务且符合下列情形，则"受到公交特许经营限制"：

（a）系在大伦敦提供的；

（b）系在英国特许经营计划覆盖地区内提供的，且不受该计划的豁免；

（c）系在苏格兰特许经营框架内提供的，且不受该框架的豁免。

（4）在第（2）款中，"相关特许经营机构"是指：

（a）若适用第（3）款第（a）项，指伦敦交通局；

（b）若适用第（3）款第（b）项，指实施该计划的特许经营机关；

（c）若适用第（3）款第（c）项，指制定该框架的当地交通主管部门。

（5）存在下列情形的，视为相关特许经营机构已根据第（2）款规定颁发授权：

（a）相关国家机构以书面形式申请授权。

（b）法定期间内，该机构：

（i）未作出同意或者拒绝同意的表示；

（ii）拒绝同意但未给出书面理由。

（6）针对第（5）款的规定，"法定期间"是指自提出请求之日起的六周时间内。

（7）在本条中：

"特许经营机关"参照《2000 年运输法》第二部分中的含义［参见该法案第 123A 条第（4）款］；

"特许经营框架"是指根据《2001 年苏格兰运输法》第 13A 条而制定的框架；

"特许经营计划"是指根据《2000年运输法》第123A条第（1）款而制订的计划；

"地方交通管理局"参照《2001年苏格兰运输法》中的含义〔参见该法第82条第（1）款〕。

（8）针对第（3）款的规定：

（a）若某项服务属于因该计划而不受监管的类别，则该服务不受特许经营计划的约束（参见《2000年运输法》第123H条）；

（b）若某项服务的描述不受特许经营框架的约束，则该服务不受该框架的约束〔参见《2001年苏格兰运输法》第13D条第（2）款〕。

第87条　进一步的要求

（1）在授予许可证之前，国家主管当局应当咨询其认为可能会受到重大影响的交通主管部门及应急服务部门的意见。

（2）第（1）款中"交通主管部门"参照《1984年道路交通管理法》（参见该法第121A条）中的含义（但不包括国家主管当局本身）。

（3）在决定是否授予许可证时，国家主管当局应当考虑授予能否以及在何种程度上提高人们对如何最大限度为老年人或者残疾乘客设计并提供自动化客运服务的理解。

（4）若国家主管当局决定授予许可证，则应当要求许可证持有者发布其提供自动化客运服务的有关报告，该要求包含在许可证条件〔第82条第（5）款第（b）项中所述的条件〕之内，特别是其采取下列事项的报告：

（a）满足老年人或者残疾乘客的需求；

（b）更广泛地保护乘客。

附　　则

第 88 条　信息的收集、共享和保护

（1）许可条件可特别包括信息收集和共享的相关事项。

（2）共享包括：

（a）与国家主管当局或者其他公共管理部门共享；

（b）与私营企业（如汽车制造商、保险公司）共享。

（3）本条下列规定适用于相关人员根据信息共享许可条件获得的信息。

（4）相关条款中的"接收者"是指：

（a）获得第（3）款所述信息的人员；

（b）随后向其披露信息的其他人员。

（5）国家主管当局有权制定条例，授权接收方：

（a）根据条例目的而向其他人披露信息；

（b）将信息用于获取信息以外的其他目的。

（6）接收方违反下列规定均属犯罪：

（a）向他人披露信息；

（b）将信息用于获取信息以外的其他目的，但第（5）款规定的条例或者其他法令授权的除外。

（7）下列情形可以作为抗辩事由：

（a）信息主体［如第（3）款所述］同意披露或者使用；

（b）接收方有合理理由认为披露或者使用是合法的；

（c）信息在披露信息时已合法向他人披露。

（8）违反第（6）款规定的，承担下列刑事责任：

（a）在英格兰和威尔士，经简易程序审理定罪，可以判处罚金；

（b）在苏格兰，经简易程序审理定罪，可以判处不超过法定最高额的罚金；

（c）经公诉定罪，可以判处罚金。

（9）第（5）款中的条例不得视为授权披露或者使用可能损害他人商业利益的信息，除非：

（a）条例另有规定；

（b）披露、使用信息的人员有合理理由认为，基于条例目的，此类披露、使用确有必要。

第89条　程序和行政事项

（1）许可根据国家主管当局制定的条例而变更、续期、中止或者撤销。

（2）国家主管当局有权制定条例规定与许可证的授予、保留、续期、到期、变更、中止或者撤销有关的程序。

（3）根据第（2）款制定的条例可以特别规定下列内容：

（a）许可证申请（或者续期）的形式和内容。

（b）下列事项应付的费用：

（i）许可证申请（或者续期）；

（ii）许可证的授予、保留或者续期。

（c）裁定的通知方式。

（d）对裁定提出复议或者上诉。

（4）若费用按第（3）款第（b）项第（ii）目规定缴纳，则可以参考国家主管当局行使本条规定职能所（可能）产生的全部费用确定数额，不论其与费用用途是否直接相关。

（5）但确定费用数额时，不得多次计算给定数额的（可能）费用。

（6）国家主管当局有权通过条例规定许可证的有效期上限。

（7）国家主管当局有权通过条例规定，由交通专员代替或者补充行使其根据本条制定的条例所规定的职能。

（8）苏格兰部长及威尔士部长根据第（7）款制定的条例：

（a）若其适用于需要支付费用的职能，则应当同时适用于收取该费用的职能；

（b）若其适用于根据附表六第 1 条、第 2 条（合规通知和罚款通知）发出通知的职能，则应当适用于第 4 条（费用通知）中与第一项职能相关的可以行使的职能。

（9）交通专员根据第（7）款的规定收到的款项应当按照财政部指示的方式存入统一基金，除非第（10）款适用。

（10）根据苏格兰及威尔士部长依据第 7 款制定的条例，交通专员根据附表六（罚款）第 2 条第 2 款所收纳的款项，应当交付给相应部长。

第 90 条　条文释义

（1）在本条中：

"自动化客运服务"参照第 82 条第（2）款中的含义；

"许可证"是指第 82 条第（1）款规定的证件（"许可证持有者"应当参照理解）；

"许可条件"参照第 82 条第（4）款第（d）项中的含义。

（2）其余各款适用于第五部分。

（3）自动化客运服务是在叮以载客的地区提供。

（4）根据第（5）款的规定，"国家主管当局"：

（a）针对在英格兰提供服务的许可证，是指国务大臣；

（b）针对在苏格兰提供服务的许可证，是指苏格兰部长；

（c）针对在威尔士提供服务的许可证，是指威尔士部长。

（5）针对公共服务车辆提供服务的许可证，"国家主管当局"是指国务大臣。

（6）许可证是指，根据该证件可以提供车辆服务，并且由于该服务，车辆将视为《1981 年公共客运车辆法》中定义的公共服务车辆（假设第 83 条不适用）。

（7）涉及交通专员根据第 89 条第（7）款的规定进一步行使权力时，本条所述的"国家主管当局"应当解释为包括交通专员。

第六部分　对现有制度的调整

第 91 条　更新型式核准要求的权力

（1）若国务大臣认为确有必要，有权行使第（2）款规定的权力，从而使同类型的型式核准立法更适合于：

（a）设计自动驾驶汽车。

（b）设计其他类型的车辆：

（i）允许由车辆外部人员控制行驶或者便于控制车辆的设备；

（ii）与软件融合、交互的车辆。

（2）通过制定条例以修改同类型的型式核准立法，以便：

（a）规定新的型式核准要求；

（b）更改、删除现有的型式核准要求。

（3）有权推行的新要求包括：

（a）对尚未受到型式核准要求约束人员的要求（如第一部分中，经授权的自动驾驶主体或者无人控制的自动驾驶汽车持证运营商）；

（b）为确保、证明、记录或者评估符合其他型式核准要求而制定的要求。

（4）本条中的"同类型的型式核准立法"是指：

（a）2007 年 6 月 20 日欧洲议会和理事会关于轻型客车和商用车排放的机动车辆型式核准的第 715/2007 号法规（EC）；

（b）2009 年 1 月 14 日欧洲议会和理事会关于行人和其他弱势

道路使用者保护的机动车辆型式核准的第 78/2009 号法规（EC）；

（c）2009 年 1 月 14 日欧洲议会和理事会关于氢能源机动车辆型式核准的第 79/2009 号法规（EC）；

（d）2009 年 6 月 18 日欧洲议会和理事会关于重型车辆排放的机动车辆和发动机型式核准的第 595/2009 号法规（EC）；

（e）2009 年 7 月 13 日欧洲议会和理事会关于机动车辆、其挂车和系统、零部件和单独技术单元的一般安全型式核准要求的第 661/2009 号法规（EC）；

（f）2013 年 2 月 5 日欧洲议会和理事会关于农业和林业车辆核准和市场监督的第 167/2013 号法规（EU）；

（g）2013 年 1 月 15 日欧洲议会和理事会关于双轮、三轮、四轮车核准和市场监督的第 168/2013 号法规（EU）；

（h）2014 年 4 月 16 日欧洲议会和理事会关于机动车辆和更换消音系统的声级的第 540/2014 号法规（EU）；

（i）2015 年 4 月 29 日欧洲议会和理事会关于部署基于 112 服务的 eCall 车载系统类型批准要求的第 2015/758 号法规（EU）；

（j）2018 年 5 月 30 日欧洲议会和理事会关于机动车及其挂车以及用于此类车辆的系统、部件和单独技术单元的批准和市场监督的第 2018/858 号法规（EU）；

（k）根据上述法规或者为实现其目的制定的同类型的型式核准立法；

（l）2018 年摩托车（型式核准）法规（S. I. 2018/235）；

（m）2018 年农业和林业车辆（型式核准）法规（S. I. 2018/236）；

（n）2020 年道路车辆（核准）法规（S. I. 2020/818）；

"自动驾驶"参照第一部分中的含义［参见第 1 条第（5）款］；

"型式核准要求"是指与在英国市场投放、保存车辆或者设计车辆相关物品有关的要求。

第 92 条　与道路测试等有关的权力行使

（1）对《1988 年道路交通法》的修订如下。

（2）第 67 条（道路车辆状况测试）：

（a）在第（1）款后添加：

"（1A）授权检查员有权在道路上测试经授权的自动驾驶汽车，以确定该车辆是否符合授权要求或者符合驾驶证的规定。

（1B）在本条至第 73 条中，与经授权的自动驾驶汽车相关的条款：

（a）'驾驶员'包括负责车辆的人员；

（b）'驾驶车辆'包括以其他方式操作车辆。"

（b）在第（3B）项中：

（i）删除第（b）项后的"和"；

（ii）在第（c）项后添加"，和（d）经授权的自动驾驶汽车"。

（c）在第（8）款后添加：

"（8A）第（8）款适用于经授权的自动驾驶汽车，应当理解为未遵守授权要求或者驾驶证规定的行为均存在缺陷。"

（d）在末尾添加：

"（11）针对本条至第 73 条，检查车辆包括检查车辆设备上存储的或者可以从车辆设备上访问的所有电子信息。"

（3）在第 68 条（检查员检查货车和客运车辆的通用权力）中：

（a）在标题中，将"和货车"替换为"，货车和经授权的自动驾驶汽车"。

（b）在第（6）款中：

（i）删除第（b）项后的"和"；

（ii）在第（c）项后添加"和（d）经授权的自动驾驶汽车"。

（c）在末尾添加：

"（7）但本条并不授权仅因车辆系经授权的自动驾驶汽车而进入本条适用的住宅场所。

（8）在第（7）款中，'住宅场所'是指用作私人住宅及其附属设施的场所。"

在该条之前的斜体标题中，将"和货车"替换为"，货车和自动驾驶汽车"。

（4）在第69条（禁止驾驶的权力）中：

（a）在第（1）款第（c）项后添加"，或者（d）对于经授权的自动驾驶汽车，自动化功能应已获得授权。"

（b）在第（2）款第（c）项后添加"，或者（d）对于经授权的自动驾驶汽车，自动化功能应已获得授权。"

（c）在结尾处添加"（10）本条适用于经授权的自动驾驶汽车，未遵守授权要求或者驾驶证规定的行为均属存在缺陷。"

第93条 提供有关交通管制措施的信息

（1）国务大臣有权制定条例，要求交通管理部门提供英格兰某地区有关交通管制措施规定的信息。

（2）威尔士部长有权制定条例，要求交通管理部门提供威尔士某地区有关交通管制措施规定的信息。

（3）本条中的术语：

"交通管理部门"是指有权制定交通管制措施的机关；

"交通管制措施"是指根据《1984年道路交通管理法》下列事项发布的命令或者通知：

（a）第1条（交通管制命令）；

（b）第6条（大伦敦地区交通管制命令）；

（c）第9条（试验性交通命令）；

（d）第 14 条（临时命令和通知）；

（e）第 16A 条（特殊事件）；

（f）第 84 条（速度限制）。

（4）针对本条的规定，若符合下列条件，则属于与交通管理部门有关的"相关交通管制措施"：

（a）由该机关制定；

（b）或者在该机关有权制定此类交通管制措施的地区具有效力。

（5）只有条例制定者认为，按照规定提供信息有助于将交通管制措施效果的有关信息传达给下列对象或者由其采取措施，才可以根据本条制定条例：

（a）经授权的自动驾驶汽车；

（b）或者为上路行驶、协助其他车辆行驶而设计的电子设备。

（6）若新的规定修订了先前根据本条制定的条例（参见《1978 年解释法》第 14 条），第（5）款适用，第二次提及的条例是指将被新法修订的先前制定的条例。

（7）根据本条制定的条例应当规定：

（a）向谁提供信息；

（b）何时提供信息；

（c）提供信息的方式和形式。

（8）根据第（7）款第（c）项制定的条例有权特别规定，信息应按照偶然存在的特定模型、标准或者规范收集提供。

（9）根据本条制定的条例可以适用于其生效前实施的交通管制措施（包括本法通过前实施的措施）。

第七部分　一般规定

第94条　通用定义

在本法中：

"经授权的自动驾驶汽车"是指根据第3条授权的车辆。

"法令"包括以下文件：

（a）苏格兰议会颁布的法案；

（b）威尔士议会颁布的法案或者推行的措施；

（c）《1978年解释法》所指的附属立法［参见该法案第21条第（1）款］；

（d）根据苏格兰议会颁布的法案、威尔士议会颁布的法案及推行的措施制定的与此类立法相关的文书。

"信息"包括录制的图像或者声音。

"道路"参照《1988年道路交通法》中的含义［参见该法案第192条第（1）款］。

"道路车辆"是指拟用于或者适用于上路行驶的机动车。

第95条　信息披露：与外部限制的交互

（1）本条适用于本法以及据此制定的有关信息披露、获取或者使用的相关条款。

（2）该条款不要求、授权下列信息的披露、获取或者使用：

（a）违反数据保护立法的信息；

（b）为《2016年调查权力法》第一部分至第七部分或者第九部分第一章禁止的信息。

（3）但在确定披露、获取或者使用信息是否违反数据保护立法时，应考虑该条款。

（4）在适用第（2）款的前提下，根据该条款披露信息不违反：

（a）披露人负有的保密义务；

（b）对信息披露的其他限制（不论何种方式）。

（5）未经相关权利人的同意，该条款不支持披露或者获取在诉讼中可以维持主张法律职业权利的信息。

（6）在苏格兰适用第（5）款时，法律职业权利应当解释为通信保密权。

（7）本条中的"数据保护立法"参照《2018年数据保护法》（参见该法案第3条）中的含义。

第96条 王室适用本法的规定

（1）下列规定对王室具有约束力（但不得使王室本身而非服务人员承担刑事责任）：

（a）第42条；

（b）第73条；

（c）第88条。

（2）下列规定适用于王室公务人员和车辆：

（a）第二部分第一章；

（b）第三部分第一章。

（3）国务大臣有权制定条例，规定第三部分第二章对王室具有约束力。

第97条 条例

（1）本条适用于根据本法制定的条例（根据第99条制定的条例除外）。

（2）在制定条例前，拟制定主体应当咨询其认为合适的代表组织。

（3）国务大臣及威尔士部长制定的条例应当通过法定文书制定

（有关苏格兰部长制定的条例，参见《2010 年苏格兰解释和立法改革法案》第 27 条）。

（4）条例有权制定：

（a）适配、补充、附属、过渡或者保留性条款；

（b）针对不同目的或者地区的不同条款；

（c）允许行使自由裁量权的条款。

（5）下列条例适用肯定程序：

（a）根据第 36 条第（9）款制定的条例；

（b）根据第 50 条制定的修订法案的条例，苏格兰议会或者威尔士议会颁布的法案；

（c）根据附表六第 2 条第（7）款制定的条例；

其他条例均适用否定程序。

（6）条例受肯定程序约束的效力为：

（a）对于由国务大臣制定的条例，除非草案已提交议会两院并获决议批准，否则不得制定载有该条例的法定文书；

（b）对于由威尔士部长制定的条例，除非草案已提交议会两院并获得其决议批准，否则不得制定载有该条例的法定文书；

（c）对于由苏格兰部长制定的条例，由《2010 年苏格兰解释和立法改革法案》第 29 条规定其效力。

（7）条例受否决程序约束的效力为：

（a）对于由国务大臣制定的条例，载有该条例的法定文书（除非还包含适用肯定程序的条例）根据议会两院的决议而宣告无效；

（b）对于由威尔士部长制定的条例，载有该条例的法定文书（除非还包含适用肯定程序的条例）根据威尔士议会的决议而宣告无效；

（c）对于由苏格兰部长制定的条例，由《2010 年苏格兰解释和立法改革法案》第 28 条规定其效力。

第 98 条　效力范围

（1）本法适用于英格兰、威尔士和苏格兰，下文另有规定的除外。

（2）第 54 条第（2）款和第 93 条仅适用于英格兰和威尔士。

（3）附表二、附表三所作的修订与修订后的条文具有相同效力范围［因此第 53 条第（3）款和第 54 条第（4）款适用于英格兰、威尔士、苏格兰和北爱尔兰］。

（4）附表五第 2 条适用于英格兰、威尔士、苏格兰和北爱尔兰［第 81 条第（4）款也适用于前述地区］。

（5）本条适用于英格兰、威尔士、苏格兰和北爱尔兰。

第 99 条　生效时间和过渡条款

（1）前述各部分自国务大臣制定条例的指定日期起生效。

（2）可以为不同目的或者地区设定不同的生效日期。

（3）第七部分自本法通过之日起生效。

（4）国务大臣有权通过条例制定与本法条款生效有关的过渡性或者保留性规定。

（5）第（4）款中的权力包括为不同目的或者地区制定不同条例。

（6）根据本条制定的条例应当通过法定文书制定。

第 100 条　简称

本法可以称为"2024 年自动驾驶汽车法案"。